死神再临

凯文·杜兰特传

Kevin Durant

冯逸明 / 主编

台海出版社

图书在版编目（CIP）数据

死神再临：凯文·杜兰特传 / 冯逸明主编 .--
北京：台海出版社，2021.7（2024.12 重印）
ISBN 978-7-5168-3046-8

Ⅰ.①死… Ⅱ.①冯… Ⅲ.①凯文·杜兰特—传记
Ⅳ.① K837.125.47

中国版本图书馆 CIP 数据核字（2021）第 120949 号

死神再临：凯文·杜兰特传

主　　编：冯逸明

责任编辑：员晓博　　　　封面设计：冯逸明　　牛　涛

出版发行：台海出版社
地　　址：北京市东城区景山东街 20 号　邮政编码：100009
电　　话：010-64041652（发行，邮购）
传　　真：010-84045799（总编室）
网　　址：www.taimeng.org.cn/thcbs/default.htm
E — mail：thcbs@126.com

经　　销：全国各地新华书店
印　　刷：朗翔印刷（天津）有限公司
本书如有破损、缺页、装订错误，请与本社联系调换

开　　本：710 毫米 ×1000 毫米　1/16
字　　数：260 千字　印　　张：15
版　　次：2021 年 7 月第 1 版　印　　次：2024 年 12 月第 5 次印刷
书　　号：ISBN 978-7-5168-3046-8
定　　价：59.00 元

断腱重塑，王者归来，天锋璀璨，死神永生。

Kevin Durant

“死亡是一座永恒的灯塔，不管你驶向何方，最终都会朝它转向。一切都将逝去，只有死神永生。”——刘慈欣《三体》

杜兰特当得起“死神永生”这四个字，无论对手怎么努力，都无法阻止他的得分轨迹，强大、稳定，如永动机一般取下分数。没有人能挡住“死神”杜兰特的个人进攻，即便是他遭遇跟腱断裂的大伤归来。杜兰特是篮球史上最可怕的攻击手，他有着中锋的身高臂展，前锋的运动能力，以及后卫的技巧与射术。一言以蔽之，这是一个无差别制造错位单打的得分大魔王。

BK

凌空踏虚，任我纵横，超神之战，逆天改命。

Kevin Durant

“天王山”一役，杜兰特所向披靡，掌控全场，以70%的命中率砍下49分，并送出个人季后赛新高的10次助攻，在最后一刻他攻防制霸、怒吼叱咤、王气纵横。

年近33岁、经历过跟腱断裂的大伤，率领篮网残阵独抗雄鹿，杜兰特用超神一战证明了自己、升华了星格，也征服了无数球迷的心。就连他的对手、两届MVP“字母哥”也由衷称赞杜兰特为现役最强。

“死神”一怒，风云皆变，群雄俯首，望峰息心。

PLAYOFFS
BUCKS
22
BUCKS
17
LOPEZ
11

天王山之一战超神

49

17+10

KEVIN DURANT

2021 年 6 月 16 日，篮网与雄鹿的“天王山”之战，在欧文因伤缺阵、哈登带伤勉战的逆境下，杜兰特力挽狂澜，最终他打满 48 分钟，23 投 16 中，豪取 49 分、17 个篮板、10 次助攻的超级三双。率领篮网完成 17 分大逆转，击败雄鹿。杜兰特打出生涯最璀璨的一战，这也是他提升历史地位、在“NBA 封神榜”上大步跃升的一战。

杜兰特2021年季后赛数据

日期	对阵球队	得分	篮板	助攻	抢断	盖帽
东部首轮						
5月23日	凯尔特人	32	12	1	1	1
5月26日	凯尔特人	26	8	5	1	4
5月29日	凯尔特人	39	9	1	4	1
5月31日	凯尔特人	42	4	5	1	2
6月2日	凯尔特人	24	4	3	0	3
东部半决赛						
6月6日	雄鹿	29	10	3	1	2
6月8日	雄鹿	32	4	6	1	1
6月11日	雄鹿	30	10	5	4	1
6月14日	雄鹿	28	13	5	1	1
6月16日	雄鹿	49	17	10	3	2
6月18日	雄鹿	32	11	3	0	0
6月20日	雄鹿	48	9	6	1	1

抢七战一剑绝平

2

KEVIN DURANT

2021 年 6 月 20 日，抢七大战，最后 6 秒，篮网落后 2 分，杜兰特在三分外线外面对塔克的贴防，没有长驱突进，而是来了一记 360 度转身跳投，皮球划过长空，直坠网窝。

这记几乎压哨的进球将比分扳成 109 平，篮网与雄鹿进入加时。而此时已砍下 48 分的杜兰特也打光了最后一颗子弹，在加时赛 6 投全失，篮网败北。

这记篮扳平球固然精彩，但可惜不是一记三分球，否则直接猎杀雄鹿，而此球也将成为 NBA 史上最佳进球之一。

杜兰特投篮跃起前踩到三分线，也许只有一厘米，但这一厘米却是生死殊途，留下无尽的遗憾与唏嘘……

詹姆斯·哈登场均数据

2020/2021 赛季 / 常规赛				
得分	篮板	助攻	抢断	盖帽
24.6	8.5	10.9	1.3	0.8

2020/2021 赛季 / 季后赛				
得分	篮板	助攻	抢断	盖帽
20.2	6.4	8.6	1.7	0.7

篮网三巨头

BIG 3

JAMES HARDEN
KEVIN DURANT
KYRIE IRVING

如果没有伤病，那么篮网“三巨头”将成为当今联盟最强组合。杜兰特堪称进攻效率之王，当“死神”亮出镰刀，他那无解单打足以摧毁任何对手；哈登是节奏大师与掌控者，也是得分王，他在个人进攻与助攻队友两种模式间能自由切换；欧文是进攻万花筒、篮球艺术家，他闪击切袭，呈现博物馆式投篮，让篮网有着澎湃不竭的得分动力。

2021 年季后赛第四战，篮网击败凯尔特人，杜兰特与哈登、欧文联手呈现 BIG 3 的终极形态，他们合砍 104 分、20 个篮板、25 次助攻。其中杜

凯文·杜兰特场均数据

2020/2021 赛季 / 常规赛				
得分	篮板	助攻	抢断	盖帽
26.9	7.1	5.6	0.7	1.3

2020/2021 赛季 / 季后赛				
得分	篮板	助攻	抢断	盖帽
34.3	9.2	4.4	1.5	1.6

凯里·欧文场均数据

2020/2021 赛季 / 常规赛				
得分	篮板	助攻	抢断	盖帽
26.9	4.8	6.0	1.4	0.7

2020/2021 赛季 / 季后赛				
得分	篮板	助攻	抢断	盖帽
22.7	5.7	3.4	1.0	0.6

兰特砍下 42 分；哈登送出个人季后赛新高 18 次助攻；欧文狂掠 39 分、11 个篮板。

在 2020/2021 赛季，因为伤病，篮网“三巨头”联手的场次并不多，但他们都表现出联盟顶级的水平。杜兰特与欧文投篮命中率超过 50%，哈登场均贡献准三双……

有了“三巨头”，篮网就具备一支冠军球队所需的一切：天才、厚度和化学反应。篮网其余众将也能激发极致潜能：杰夫·格林能频频贡献暴扣与精准三分球；1.93 米的布朗成为“真”中锋；“白魔兽”格里芬再次展开狮鹫的双翼，振臂翱翔，频频战斧暴扣梦回巅峰。

与其说篮网在2019年季后赛惜败于雄鹿，不如说他们败于“三巨头”的伤病，欧文脚踝扭伤、哈登腿筋拉伤，“三巨头”最健康的居然是断腱归来的杜兰特，他纵然神勇，但孤掌难鸣。

虽然篮网在 2021 年季后赛折戟沉沙，但新赛季健康的“三巨头”定会率领篮网卷土重来，他们三人联手还远未达到合作的上限，其未来还有创造无限惊喜的可能。

攻防一体

KEVIN DURANT

在季后赛论“攻防一体”，杜兰特可谓无敌的存在。身高臂长，手感柔和，快如闪电，他可以矫若游龙般大幅度变向突破，俯视众生般高出手投篮。可谓进攻无死角、单打无差别，堪称历史最强级别的得分手。此外，他还是球队的防守核心。在 2021 年季后赛缺兵少将的篮网阵中，杜兰特在攻防两端的作用尤为明显。

在进攻端，杜兰特大马金刀，得分如探囊取物，连续两场砍下 49 分和 48 分。在防守端，他积极领放、补防、协防，以七尺之躯擎起篮网孱弱的内线。关键时刻，杜兰特还单防“字母哥”，展现出攻守两端的极致表现。

54
生涯最高得分

2014年1月18日，杜兰特和勇士的“水花兄弟”展开飙分大战。最终手感发烫的杜兰特全场28投19中，砍下职业生涯新高的54分。率领雷霆将胜利收入囊中。

18
生涯最高篮板

2011年1月27日，雷霆客场挑战森林狼。双方全场比赛打得异常焦灼，雷霆凭借杜兰特的超神发挥通过加时以118比117拿下比赛。

此役，杜兰特如同天神下凡般28投15中，斩落47分、18个篮板，其中18个篮板也创造个人职业生涯纪录。

14
生涯最高助攻

2013年1月24日，勇士坐镇甲骨文球馆以123比112战胜尼克斯的比赛中，杜兰特得到14分、4个篮板和14次助攻，其中14次助攻打破了杜兰特之前保持的职业生涯单场12次助攻纪录。

21
最年轻得分王

杜兰特是2009年至2012年连续三届常规赛得分王，场均得分30.1分、27.7分、28.0分，同时也成为最年轻的得分王（21岁）和最年轻的连续两届、三届得分王。

5
生涯最高抢断

身形鬼魅的杜兰特，素有“狼蛛”之称。这个绰号也体现出了他恐怖的臂展。

鬼手断球成为他的标志，曾经四次单场抢断达到5次，令对手防不胜防。

7
生涯最高盖帽

2017年10月21日，勇士以128比120战胜鹈鹕，杜兰特送出创生涯新高的7次盖帽。2019年2月22日，在勇士险胜国王的比赛中，杜兰特再次送出7次盖帽，追平个人单场盖帽纪录。

72
连续72场得分20+

2015年11月24日至2016年11月11日，杜兰特连续72场得分超过20分，追平乔丹并列历史第四，前三位是奥斯卡·罗伯特森的79场以及张伯伦的92场和126场。

41
连续41场得分25+

2014年1月8日至2014年4月7日，杜兰特连续41场得分超过25分，超越乔丹（40场）排名第三，前两位是奥斯卡·罗伯特森的47场和张伯伦的80场。

24
罚球命中数最多

2014年4月7日，常规赛进入收官阶段。在这个杜兰特的MVP赛季，得分能力日益臻化，除了一手精准的投篮，他还频频突破造成犯规并罚球。他此役命中了24记罚球，创造了生涯之最。

数据酷

特各项数据纪录汇总

38
上半场得分平季后赛纪录

2019年4月27日，勇士对阵快船的季后赛第六战，杜兰特上半场17投12中，轰下38分，追平巴克利保持的季后赛上半场历史得分纪录。全场杜兰特轰下季后赛个人新高的50分，率领勇士129比110大胜快船。

180
“180”俱乐部最年轻成员

2012/2013赛季，杜兰特凭借出色的手感成为NBA历史上第六位也是最年轻（24岁）的“180先生”（投篮命中率50%，三分命中率40%，罚球命中率90%）

70
总决赛命中率

2018年6月4日，总决赛第二场，杜兰特14投10中得到26分，命中率高达71.4%。杜兰特成为NBA历史第五位在总决赛投篮命中率至少在70%的情况下得到25+，并且带队取胜的球员。

46
新秀挑战赛最高分

2009年，菲尼克斯全明星新秀挑战赛，杜兰特全场25投17中，砍下46分，创造这一赛事的最高得分纪录。

299
单个系列赛出场时间纪录

与雄鹿的这轮系列赛，杜兰特堪称“铁人”。7场比赛一共出场299分钟，后三战中两场打满全场，创造自2014年以来联盟单个系列赛的出场时间纪录。值得一提的是，之前在2014年单个系列赛出场时间最长的还是杜兰特，他当时在雷霆大比分4比3淘汰灰熊的系列赛中出战了324分钟（包括4个加时）。

48
抢七历史最高分

2021年6月20日，篮网与雄鹿展开“抢七大战”。

杜兰特轰下48分，刷新抢七大战的得分纪录。此前NBA“抢七”得分纪录是由萨姆·琼斯和多米尼克·威尔金斯共同保持的47分。

49+17+10
“天王山”豪华大三双

2021年6月16日，东部半决赛天“天王山之战”，篮网队在一度落后17分的绝境下上演大逆转，以114比108力克雄鹿，攻陷“天王山”。

此役，杜兰特打满全场（48分钟），砍下49分、17个篮板和10次助攻的超级三双，创造NBA“天王山之战”的大三双的数据之最。

职业生涯总出场
884

职业生涯总得分
23883

职业生涯总篮板
6239

职业生涯总助攻
3681

职业生涯总抢断
973

职业生涯总盖帽
986

两届总冠军 / 一届常规赛 MVP

2017 年　2018 年　2013/2014 赛季

两届总决赛 MVP

2017 年　2018 年

两届全明星 MVP

2012 年　2019 年

2007/2008
俄克拉荷马雷霆
总得分 1624
最佳新秀阵容一阵
年度最佳新秀

2008/2009
俄克拉荷马雷霆
总得分 1871
全明星新秀挑战赛MVP

2009/2010
俄克拉荷马雷霆
总得分 2472
得分王（30.1）
入选全明星
最佳阵容一阵

●**两届总冠军**
2017 年和 2018 年 NBA 总冠军。

●**两届总决赛 MVP**
2017 年总决赛场均 35.2 分、8.2 个篮板、5.4 次助攻。
2018 年总决赛场均 28.8 分、10.8 个篮板、7.5 次助攻。

●**两届奥运会金牌**
2012 年伦敦奥运会和 2016 年里约奥运会。

●**两届全明星 MVP**
2012 年奥兰多全明星赛，杜兰特得到 36 分。
2019 年夏洛特全明星赛，杜兰特得到 31 分。

●**一届常规赛 MVP**
2013/2014 赛季，杜兰特场均得到 32 分、7.4 个篮板、5.5 次助攻，率雷霆取得 59 胜，荣膺常规赛 MVP。

●**一届男篮世锦赛冠军和 MVP**
2010 年杜兰特率领美国队夺得土耳其男篮世锦赛冠军，他场均砍下 22.8 分，荣膺该届世锦赛 MVP。

2014/2015
俄克拉荷马雷霆
总得分 686
入选全明星

2015/2016
俄克拉荷马雷霆
总得分 2029
全明星首发
最佳阵容二阵

2016/2017
金州勇士
总得分 1555
总冠军
总决赛 MVP
全明星首发
最佳阵容二阵

2010/2011
俄克拉荷马雷霆
总得分 2161
得分王（27.7）
全明星首发
最佳阵容一阵

2011/2012
俄克拉荷马雷霆
总得分 1850
得分王（28.0）
全明星首发
全明星 MVP
最佳阵容一阵

2012/2013
俄克拉荷马雷霆
总得分 2280
全明星首发
最佳阵容一阵

2013/2014
俄克拉荷马雷霆
总得分 2593
常规赛 MVP
得分王（32.0）
全明星首发
最佳阵容一阵

2017/2018
金州勇士
总得分 1792
总冠军
总决赛 MVP
全明星首发
最佳阵容一阵

2018/2019
金州勇士
总得分 2027
全明星首发
全明星 MVP
最佳阵容二阵

2019/2020
布鲁克林篮网

2020/2021
布鲁克林篮网
总得分 943
全明星首发

DURANT
7

云霄浩瀚，王者无疆，睥睨群雄，志在天下。

Kevin Durant

尽管篮网惜败于雄鹿，但杜兰特的表现无可挑剔。在 2021 年季后赛，他场均可以砍下 34.3 分，投篮命中率高达 51.4%。2020/2021 常规赛季杜兰特投篮命中率更是高达 53.7%、三分球命中率高达 45.0%。作为一位跟腱断裂、伤愈归来的 33 岁老将，杜兰特用一次次惊艳的表现颠覆着我们的认知、冲击着“复健”球员的极限。

虽然止步于东部半决赛，但杜兰特闪耀“天王山”，留下一段荡气回肠而又动人心魄的不朽传奇。而他刚打完季后赛，又将目标锁定东京奥运赛场。

杜兰特已将两届总冠军与总决赛 MVP、常规赛 MVP 悉数收入囊中，并在国际赛场拿到两枚奥运金牌、一届世锦赛金牌与 MVP，可谓荣耀满载，但他永不停步。

如果杜兰特率领美国“梦之队”出征东京奥运，那么他们将大概率一雪篮球世锦赛排名第七的耻辱、重塑“梦之队”世界王者的形象，毕竟此前杜兰特代表“梦之队”出征国际赛场，25 战全胜。作为国际篮坛“大杀器”，如果出征奥运会，杜兰特将有望超越卡梅隆·安东尼，加冕美国“梦之队”奥运总得分王。

文：平原公子、穆东、轩窗少年

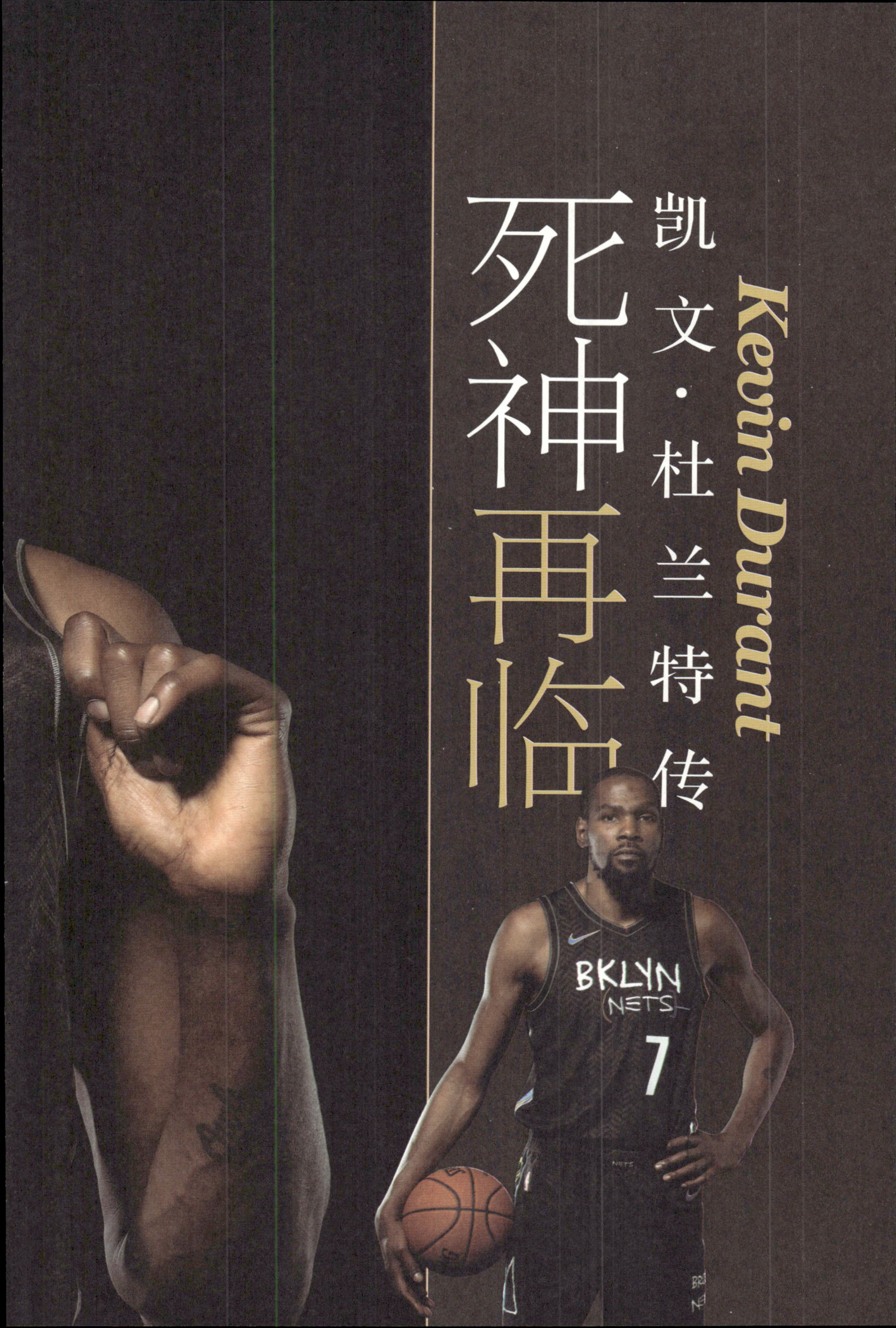
死神再临
凯文·杜兰特传
Kevin Durant
BKLYN
NETS
7

MVP
THUNDER
KIA

第一章
预定的未来

凯 文 · 杜 兰 特 传

01 KD

俄克拉荷马之神

2013—2014

2014 年 5 月 7 日，俄克拉荷马城，切萨皮克能源球馆。此时的凯文·杜兰特穿着一身蓝色的西服，MVP 奖杯就在他手中，他徐徐说起：“妈妈，这是我们的奖杯，谢谢你。你 18 岁有了我哥哥，三年后生了我，21 岁的单亲妈妈带着两个孩子，每个人都说我们不该待在那儿，我们不停地搬家，全靠自己。让我印象最深的是，没有床，没有家具，我们在起居室蜷在一起互相依偎。你让我半夜起来锻炼，做俯卧撑、在山路上冲刺跑，你上街为我们弄衣服、弄食物，你自己饿着入睡。你是真正的 MVP。”

作为 MVP 的母亲，完达·杜兰特抽泣着听到此处，忽然绷不住泪如泉涌。全体观众起立鼓掌，向这位黑人女性致敬。MVP 发布会在室内聚集了近千名观众，在外面也有千名观众顶着 35°C 的高温站了近三个小时，他们盯着大屏幕目不转睛。一位球馆保安大叔接受采访时，用不容置疑的语气说——他就是我们俄克拉荷马的神。

这位俄克拉荷马的神，凯文·韦恩·杜兰特，出生在华盛顿哥伦比亚特区，父母离异，是穷人家的孩子。这没什么，耶稣出生在马槽中，大将军卫青生而为奴，拳王阿里也降生在贫民窟，谁都无法选择自己的出身。

凯文·杜兰特从未被称作“天选之子”，也从没有在小时候有过什么显赫的天赋和潜力，没有人知道他会有今天，他不是披着光环出生的孩子，也从不是令人瞩目的天才。

生命是一个随机产生的概率学结果，没有人能够预订出身，要生在玉堂金马家还是穷街陋巷里，都不是自己能决定的，过往不可改变，未来不可预期，短短几十年，却是一个偌大的谜题。

出生之后的一切，全靠努力和命运，每个人都有着最初的梦想，并且都曾立志为它付出一生的努力。然而生命又是一个不断改变初衷的游戏，现实会逼着你不断打醒自己，你知道自己的梦在哪里，却不可能知道下一秒的自己在哪里，能够预订一个未来，并且走到终点的，都是百里挑一的人中龙凤。

02

生命中的亲人们

1988—1994

1988 年 9 月 29 日，凯文·杜兰特出生在华盛顿哥伦比亚特区。他的童年就在苏特兰度过。杜兰特的爸爸韦恩·普莱特在国会图书馆当警察，从美国国会图书馆坐 30 分钟地铁就可以到达苏特兰，但 30 分钟的车程，却成了 12 年不能相见的痛。

杜兰特是妈妈完达·杜兰特的姓氏，这里包含着很多美国黑人女性相同的故事。偶遇有情郎，相知相爱、怀孕生子，但没有结婚，所以当时凯文只能随妈妈的姓，但是他名字的中间加上了韦恩（全名为凯文·韦恩·杜兰特，Kevin Wayne Durant）。

即便完达和普莱特结婚后把自己的名字改为完达·普莱特，但凯文依旧沿用了杜兰特的姓，从未改变。

韦恩·普莱特在杜兰特 8 个月时离开了家庭，杜兰特由他的母亲完达·普莱特和外祖母芭芭拉·戴维斯抚养长大，他们当时住在离华盛顿不远的马里兰州。

在美国，未婚先孕，黑人男子不负责任或者根本没有能力养家糊口，都是一件稀松平常的事情，因为经济原因始乱终弃、婚后离异更是司空见惯。由此造成的无数单亲黑人小孩缺乏管教，满街区乱跑，在毒品和暴力的泥潭中渐渐学坏，这是美国贫民窟的百年阴影。

其中也有很多孩子出淤泥而不染，努力向上，成功出名，许多 NBA 球星便是如此，他们很难不记恨那些从小抛弃他们的父亲，很多人终此一生不和生父来往。

杜兰特是个例外，他从未记恨过他的生父普莱特，不是因为父亲是合法离婚，也不是因为父亲在 12 年后浪子回头，回到他们母子身边重新做他们的守护神。而是因为，

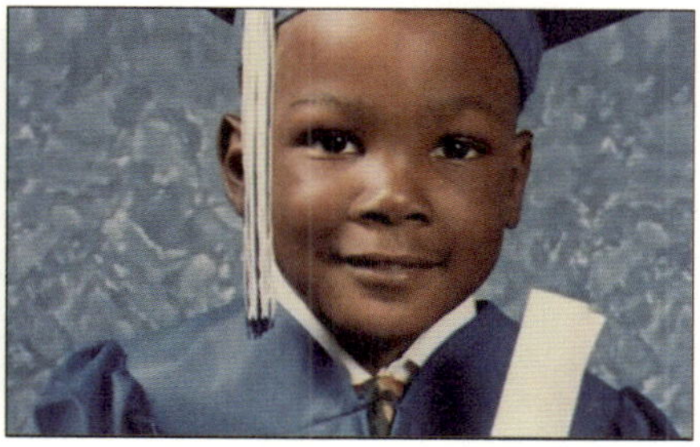

在小杜兰特的心中，警官普莱特是个恪尽职守、保家卫国的好警官。

虽然出生 12 年零 4 个月里从未得到过父爱，杜兰特依旧不责怪父亲，在他眼里，父亲是警官，有着重要的工作要做，他小时候的梦想便是能和父亲一起在华盛顿中心执勤，做一个保护一方安宁的警官。这和父亲神圣的职业有关，也和妈妈正确的教导有关。

宽容和理解，是最了不起的品格，所以杜兰特站在领奖台上拿起 MVP 奖杯的时候，依旧泪流满面地感谢父亲。

杜兰特的童年时代艰难无比，因为他在出生的时候，哥哥托尼·杜兰特 3 岁，要养活两个孩子的单亲妈妈只能东奔西走忙于生计。

托尼很照顾这位从小瘦弱的弟弟，很多单亲家庭的孩子都是这样，长兄如父。小时候兄弟俩也经常吵嘴厮闹，杜兰特曾经在打闹中脱下一只鞋子朝哥哥扔去，哥哥轻巧闪过，但鞋子却把墙上一个玻璃灯罩打了个稀烂。

凯文需要赔偿 10 美金，身无分文的孩子差点急哭了。哥哥托尼用自己在麦当劳打工挣的钱帮助弟弟作了赔偿，杜兰特一直没有忘记，他说他一定会还给哥哥。

2007 年，杜兰特终于履行诺言，一诺千金。他进入了 NBA，收到了自己合同里的第一笔薪酬，能够自己挣钱的凯文送给哥哥一辆黑色道奇吉普。他在获得 MVP 奖杯的时候，也含泪注视着哥哥，动情地说："哥哥，你是我的榜样，我一直在追随你的脚步。"

哪怕他如今功成名就、如日中天，依旧不会忘记他是一个来自特区的孩子，他有他的家人、朋友、恩师。妈妈完达·杜兰特、爸爸韦恩·普莱特、哥哥托尼、外祖母芭芭拉、发小比斯利、派尔阿姨、恩师查尔斯·克雷格和塔拉斯·布朗。

这些人是他童年和少年时期的全部，没有他们，就没有凯文·杜兰特。

天选的篮球

1995—1996

小杜兰特的童年没有半点传奇色彩，也没有显现出什么与众不同的天赋，他和那些街头的小伙伴们没有区别，普普通通的黑人小孩，奔跑于特区的大街小巷，每日背起书包上学、放下书包看卡通片，或者跟着妈妈在教堂里，听着唱诗班的歌声打瞌睡。

小杜兰特只有一个与众不同的地方，他比同龄人长得高，瘦瘦长长显得很奇怪，这在小孩子里面可不是什么上帝的恩赐，反而会带来不少困扰，小时候的姚明和奥尼尔都曾忍受着同伴们好奇的眼光甚至是嘲笑。

身高给杜兰特带来的麻烦没有那么大，但却给杜兰特带来内向害羞的性格。那时候，总有人上下打量他，然后说：“你怎么这么高，你为什么和我们不一样？”腼腆的小杜兰特回答不了这个糟糕的问题。

玩笑和好奇不能改变一个人的性格，却足以撩拨一个孩子敏感的神经。他比班上所有人都要高大，长手大脚，鹤立鸡群，走到哪里都是被关注的目标，以至于他根本不愿意站起来回答老师的提问——坐着都已经够扎眼了，他甚至因此讨厌上学。好在外祖母芭芭拉总是安慰他：“说不定这（身高）是一种天赐的幸福，上帝的旨意，我们等等看吧。”

杜兰特性格文弱而安静，面对嘲笑和挑衅，他从来不会用粗鲁的拳脚去还击，这是伴随了他一生的优良品质，以至于在他刚进联盟的时候，有人就把他平静如水的表情和不动如山的蒂姆·邓肯相比，认为他将是外线的邓肯。

那时候的完达·杜兰特很辛苦，她一个人扛起这个破碎的家庭，抚养两个男孩子，她在一家邮局工作，既当爹又当妈。

完达每天都有送不完的邮件包裹，经常要加班到半夜，虽然杜兰特的父亲就在离他们家仅 30 分钟车程的华盛顿中心执勤，但没有抚养权的他不能对儿子有任何的照顾。在杜兰特的童年，能照顾他的只有三个女人和一个哥哥——母亲、派尔阿姨、外祖母芭芭拉、哥哥托尼。

派尔阿姨患有乳腺癌，每天都在和病痛做斗争，外

●杜兰特的母亲完达·杜兰特在MVP颁奖典礼上感动落泪

祖母芭芭拉总有事，不能一起照顾两个顽皮的孩子。每当周末，托尼和凯文没有课满地乱跑的时候，完达·杜兰特总是头痛无比，她知道这俩小家伙离开学校就是脱了笼头的小马，不闹得鸡飞狗跳不会罢休。

底层的黑人家庭总有这样的担忧，每一个妈妈都明白，孩子不能放到街头去野，城市的街区里充满着各种各样的暴力和犯罪，毒品、枪支、帮派是万千家庭的噩梦和泥潭，一旦陷进去，那就是误终身。完达·杜兰特决定，得给凯文找点正经的兴趣和爱好。而黑人最好的美国梦就是两种——音乐和篮球。

事实上，托尼和凯文从小就喜欢各种运动，出现在巴尔的摩的所有球队他们都喜欢，他们喜欢华盛顿奇才队，更是疯狂追捧迈克尔·乔丹，但当时的凯文·杜兰特并没有想到他会一辈子和篮球结缘。

人生有期待很容易，把期待变成梦想也很容易，然而把梦想定格下来，作为一辈子的目标，并且细分量化成一个一个的台阶，然后一步一步去实现它，却不易。

小杜兰特的期待或许只不过是一顿饱饭、一部卡通片、一次篮球赛……但真正为他确立梦想的是两件事情。这两件事情证明了篮球是一件上天给他选定的事情。

04 KD

你打球像乔丹

1996—1998

华盛顿郊外的锡特·普莱森特（Seat Pleasant）活动中心，这座只有一层的黄砖建筑成了凯文·杜兰特梦开始的地方。这里原本只是一家普通的休闲娱乐场所（类似于少年宫），开展了许多运动项目，接纳一些青少年进来锻炼健身，举办一些小型的业余比赛。这座褐黄色砖结构建筑矗立在华盛顿的郊区，对面的阿纳卡斯蒂亚河静静流淌，群山环抱，景色宜人。岁月无声，锡特·佩莱森特活动中心默默等到了一位足以令它多年之后蓬荜生辉光彩照人的小男孩。

从 8 岁起，杜兰特每天都会步行 15 分钟来到这块球场练球，当时的他没想到，自己会在这里成长，之后会成为全美最好的篮球运动员之一。

第一次把篮球抱在手中，并没有激发杜兰特多大的兴趣。胖胖的、和蔼可亲的查尔斯·克雷格发现了比同龄人高出一头的杜兰特，克雷格相信了自己的判断。

以后的时光里，在克雷格教练的悉心指导下，杜兰特的梦想渐渐长大，由花种经过发芽逐渐长出了小小的花蕾。那时的杜兰特还很普通，太多的小孩都比他有天赋、有实力，包括他的发小比斯利。

然而苦心人天不负，青年联盟队的入选报告清晰地写着凯文·杜兰特的名字，理由是因为杜兰特出众的身高，他可以去抢篮板。

“梦想在慢慢长大，开始只是为了一些小事，我从来没有想过去 NBA，但是随着付出的努力越来越多，我告诉自己，我希望能得到一点什么。”杜兰特说道，而正是克雷格教练给了他这个实现梦想的机会。

另外一件事更加传奇，11 岁那年，他在这个场馆里进行第一场正式比赛，小凯文第一次上场便轰下 25 分，其中下半场砍下了 18 分。一个路过的阿姨看了他的比赛，对他说：“你应该把 24 号换成 23 号，因为你打球就像迈克尔·乔丹。”

纯真的杜兰特抬头问：“真的吗？”这一刻，梦想被点燃。

05 KD

35 号球衣，失约的恩师

1999—2005

梦想毕竟是梦想，当时的杜兰特除了长得高一点以外，其他篮球资本几乎为零。

完达·杜兰特当时只是单纯觉得：篮球可以帮助杜兰特强身健体，并且和本分的孩子们在一起完成这项团队运动，可以帮助他远离那些可怕的暴力街区。

作为杜兰特的启蒙恩师，查尔斯·克雷格当时不过是这个休闲中心的业余篮球教练，他主要的工作就是教孩子们玩耍之余练练篮球。但当他慧眼如炬发现了杜兰特之后，生活的天平便向这个高瘦男孩倾斜了，总会抽时间给杜兰特开开篮球小灶。

克雷格对杜兰特最大的意义不在于篮球的技战术上，而在于这位好心的教练总是鼓励小凯文，告诉他终有一天会成为 NBA 的一位巨星。

有一天，杜兰特和克雷格教练一起看 NBA 选秀电视直播，当看到星光熠熠、神采飞扬的篮球才俊们汇聚一堂时，杜兰特激动地和教练约定："有一天，我参加 NBA 选秀了，您要到现场去陪伴我。"恩师克雷格慨然允诺。

然而，2007 年夏天杜兰特如愿参加了 NBA 选秀大会，并作为榜眼秀被超音速选中时，他的恩师、篮球的启蒙者和领路人——查尔斯·克雷格却失约了。

时间倒回到两年前，2005 年 4 月 30 日，查尔斯·克雷格在马里兰被枪杀了，当时他只是试图调解朋友和别人的争执。据警方的记录，克雷格上半身被击中数枪，这位青年教练才刚满 35 岁。

噩耗传来，宛如晴天霹雳，杜兰特几乎休克过去。来到得克萨斯大学打球的杜兰特选择了 35 号球衣，以此来纪念 35 岁英年早逝的恩师。杜兰特说："只要我穿着 35 号，他就还活着。"

2007 年，杜兰特进入 NBA 后，依然选择身穿 35 号球衣。2008 年 4 月 30 日，杜兰特拿到最佳新秀，他略带伤感地说道："今天是克雷格教练去世三周年的祭日。我想把这个荣誉献给他，我想让他知道我一直在努力着。"

当他戴上"榜眼"的帽子，举起最佳新秀的奖杯，

杜兰特身披 35 号战袍，旨在纪念在 35 岁时英年早逝的恩师克雷格教练。在比赛间歇 KD 也常常手指上天，来告慰恩师……

捧起得分王的奖杯，直到拿着 MVP 的黄铜小人泪如雨下的时候，克雷格教练终究是见不到了，留下的只有球场上飞舞的 35 号球衣。

杜兰特穿着承载克雷格教练梦想的 35 号球衣，越来越多的球迷选择穿上杜兰特的 35 号球衣。2009 年，得克萨斯大学为杜兰特的 35 号球衣举行了退役仪式，这是得克萨斯大学历史上的第三件退役球衣。

在 2014 年新科 MVP 闪烁的泪光里，是那座黄砖结构的体育馆，老旧的木地板，砰砰弹起的篮球，胖胖的教练问："孩子，你愿意参加青年联盟队吗？"

孩子眼睛里燃着火光："是的，我要打篮球！"

第二章

“鬼山”传奇

01 KD

“教父”布朗

2005—2006

克雷格教练给了杜兰特一个梦想，而真正帮他浇灌这个梦想，让梦想长成参天大树的则是另一位教头——塔拉斯·布朗。

克雷格教练只教给杜兰特一些篮球基础知识，进阶需要更为专业的导师。塔拉斯·布朗是当地运动中心的一位篮球教练，杜兰特从拜师他的门下那一刻开始，一直到前往得克萨斯大学为止，除去在橡树山高中念书那一年，几乎每天都会和布朗教练在运动中心打磨球技，这个风雨无阻的约会伴随了杜兰特的整个少年时代。

作为一个业余教练，布朗能教给他的技术并不是很多，来来去去他就向杜兰特传授了三个绝招：急停跳投、两步运球跳投和底线突破。于是无数个日日夜夜，杜兰特就在打磨这三大绝学，让它们一天天变得炉火纯青。

布朗给他定了许多苛刻的规定，最重要的一条就是决不允许打街球，决不允许单挑斗牛。他在杜兰特幼小的心田中种下一颗种子：篮球是一项团队运动，所有的技术都是为了团队胜利而训练，并不是为了一个人的胜负。

在杜兰特的孩提时代，别的孩子都在单挑斗牛、玩花哨、秀技巧以赢得小伙伴们欢呼。当他们闹成一团的时候，杜兰特则孤零零一个人在球馆里一遍一遍锤炼着最基本的篮球动作，满耳朵只有布朗教练的口令和咆哮以及篮球击打在地板上砰砰的声音……

老派而苛刻的布朗教练严禁杜兰特参加一切街头赛的“斗牛”活动，只能按部就班地训练，布朗为他设计了学院派篮球的经典方案……接球后立刻出手投篮的练习，控球、滑步、传球、防守、篮板练习……杜兰特说：“就像军事训练一样。”

有时候，师徒二人也会一起观看比赛录像、阅读篮球书籍，回味历史上那些球星成功的经验和失败的教训，布朗教练甚至常常给杜兰特布置“家庭作业”。比如有一天晚上，杜兰特回家之后，必须抄写跳投的六个步骤——摆好投篮姿势、眼睛盯着篮筐、用力跳起、迅速向后撤步、出手投篮、保持手形——500遍！这对一个孩子来说，简直堪称残酷，要知道，这个年纪，艾弗森早就在街头球场称王称霸，而奥拉朱旺还没有摸过篮球，同样是天才，杜兰特却只是安安静静一丝不苟按照规划好的路线前进。他的生命里，除了努力，并没有太多奇迹，少年时代，他每天要投 1000 个球，不是出手 1000 次，而是投中 1000 个。

事实上，杜兰特也不是完人，这个孩子也曾想过放弃，因为真的坚持不下去了，他根本看不到任何希望，甚至连自己的身高也不能转化成优势，因为在他身边，和他一样身高的孩子随处可见，甚至没有他高的比斯利都能比他抢到更多的篮板球。

“作为一个孩子，你肯定更想出去玩，但是我不行，我要待在训练馆里，我的生活里全部都是训练，篮球是我的动力，但是我却触摸不到。”那时候的杜兰特异常沮丧，“为什么我必须要经历这些艰苦的训练，而那些孩子却开始打 AAU 巡回赛了？为什么他们都得到高中或者私人学校球探的赏识，而我什么都没有？”

杜兰特的问题妈妈无法解答，他也不敢问布朗，心里话憋的越长久越容易爆发。

臭脾气的布朗依旧觉得不用花太多口舌去和杜兰特解释，他觉得，杜兰特一定会明白的，他直白地说如果你不想打球了那么就去跳芭蕾舞吧。而杜兰特的妈妈同样用小时候杜兰特信誓旦旦的话质问他：“你不是说过你要进 NBA 的吗？怎么，现在实现诺言了？”

“现在他们错过你，这是他们的错，你只要努力打球，让他们后悔。”完达·杜兰特慈爱地安慰小杜兰特，此时的杜兰特终于变回了他这个年纪孩子的模样，伤心地落下眼泪。这是杜兰特真正意义上第一次为篮球而哭泣。

杜兰特后来更坚信这个道理，他后来用阿里纳斯的名言来警诫自己——我一无所有，我什么都不是，但我要证明他们是错的。

02 KD

“鬼山”冲刺跑

2001

为了锻炼杜兰特的力量与毅力，布朗教练把杜兰特带到一个危险的地区——L街。

L街那儿有一座很难爬的“鬼山”，这座人迹罕至的小山，阴森冷清、山路崎岖、林木葱茏。这里夏日骄阳似火，盘山道的柏油路面被正午的阳光烤得滚烫；寒冬里雨雪霏霏，山路在风刀霜剑下泥泞不堪，不论开车还是徒步，这里简直是旅行者的噩梦，“鬼山”的名字，自然不胫而走。

多年来，杜兰特早已把“鬼山”的每一条路都烂熟于心。在布朗教练的要求下，他要全速冲上这座70米的小山，再跑下来。他一步一步跑上顶峰，喘几口气，再返回山脚。一遍又一遍，一夜又一夜，不把自己跑到再也迈不出一步，他绝不停下来。有些晚上，他要跑25个来回；而另一些晚上，他会花更多时间和鬼山在一起，甚至要跑50个往返。

那无数个夜晚，杜兰特在做什么，只有山知道。要知道，同龄孩子们晚上一般都会在家里看电视、玩电子游戏，或者上床睡觉，杜兰特显然变成了另外一种孩子。

杜兰特完全习惯了布朗教练苛刻严厉的训练，他封闭了自己的社交空间，不再跟朋友们一起出去混，他的童年只在篮球场那个四方空间里。只要有空，杜兰特就会到锡特·普莱森特活动中心找布朗教练。

在锡特·普莱森特活动中心休息室，有一小块地板，现在所有人都知道那个地方，那是小时候杜兰特临时的床，每当他做完作业开始训练前，总会在此小睡片刻积攒体力。

“篮球变成了我生活的大部分，”杜兰特说，“我不会让任何事妨碍到篮球。”

如果说锡特·普莱森特活动中心是杜兰特的启蒙篮球圣殿，那么在这座圣殿的不远处，就是杜兰特的篮球炼狱——那座不起眼的“鬼山”。

圣安东尼奥马刺的更衣室刻着一句名言：“当一切都看起来无济于事的时候，我去看一个石匠敲石头。他一连敲了100次，石头仍然纹丝不动。但他敲第101次的时候，石头裂为两半。可我知道，让石头裂开的不是那最后一击，而是前面的100次敲击。”这句数十年篮球智慧提炼的格言与杜兰特的人生不谋而合。

今天这位MVP的成功不是来自他最后一下的神奇投篮，而是源于少年时在“鬼山”上无数个日夜的奔跑，汗水和脚印才是一切的基础。

03 KD

一时瑜亮——发小比斯利

2005—2007

一般天才总不会寂寞，上天造就了周公瑾，自然也要生出诸葛孔明，没有伟大的对手，哪能衬托天才的伟大？杜兰特的少年时代，一直存在着难以击败的对手。

第一位对手是他的哥哥托尼，托尼也是一位天赋出众的运动男孩，身体远比瘦长的凯文·杜兰特魁梧强壮。孩提时代的运动场上，三岁差距简直就是难以逾越的鸿沟。哥哥不但身体强壮，更拥有娴熟的技术，杜兰特根本无法战胜哥哥托尼。

直到杜兰特 17 岁的一天，才在锡特·普莱森特活动中心第一次打败了托尼。从此之后，哥哥再也不是杜兰特的对手。尽管兄弟俩都爱好篮球，但是他们从没有在同一个球队打过球。托尼之后在圣约翰西北军校就读，成为一名军人。

杜兰特第二个对手更为强大，带给他的压力和挑战甚至一直保留到 NBA 选秀前，这个对手，就是大名鼎鼎的迈克尔·比斯利。

比斯利是杜兰特少年时代最好的朋友，篮球场上的知己。他同样来自一个单亲家庭，境遇比杜兰特还要糟糕。比斯利的妈妈是一个抚养四个孩子的单身女子，根本无法照顾到每个孩子，每天打很多份工都换不来温饱，那时候的比斯利通常饥肠辘辘却也无可奈何。杜兰特有一种天生的善良宽厚，他总是能够理解这些和他一样生活在困境中的小伙伴，他常常把比斯利带回自己家中，两个孩子一起在 6 点 30 分吃完早餐，然后一起乘坐公共汽车去学校上学，放学后又一起打球。

孩提时的比斯利就是个会说话的家伙，总是妙语连珠惹得杜兰特的妈妈欢声大笑，而杜兰特则是内向腼腆，他一般只在家人面前表达自己，在外人面前则一声不吭，内敛得像山上的石头。

比斯利差不多每天都和杜兰特玩在一起，直到很晚才回家，他们情如兄弟。

比斯利和杜兰特之间有着太多的故事，即便杜兰特从小就展现了不错的天赋，但在 12 年前，

杜兰特与发小比斯利在大学赛场上同场竞技

比斯利是所有人眼中的天之骄子，杜兰特不是他的对手。比斯利唯一的缺陷就是性格过于慵懒随意——这是很多天才的通病，他们的幸福来得太容易。

11 岁的杜兰特在锡特·普莱森特活动中心打球时第一次见到比斯利。那时候比斯利还是一个熊孩子，他居然在训练结束后偷走了大家的比萨饼。然而更让大家震惊的是比斯利的运动天赋。所谓英才难得，所以尽管有“盗饼”之瑕，但大家还是不计前嫌把这个熊孩子找了回来，让他和杜兰特做队友。自此以后，比斯利便成了球队里的开心果，他能把每一个人都逗得开怀大笑，人人都爱比斯利。

杜兰特和比斯利并肩作战，他们当时一同为 AAU 业余联赛的美洲虎效力，同克里斯·布拉斯维尔一起成为大名鼎鼎的“美洲虎三剑客”，为球队拿到了多个全国冠军。

此时的比斯利开始光芒万丈，12 岁时的他单场曾轰下 20+20 的数据。他是一个外线致命投手，睡眼惺忪打着呵欠就能砍下恐怖的数据，人们都喊他“B-Easy”，因为得分对他来说显得那么简单。

比斯利就像篮球场上的阿凡达一样，在杜兰特的整个中学和大学时代，几乎都受到他的笼罩，比斯利也是自勒布朗·詹姆斯之后“天赋”二字的代名词。

直到 2007 年杜兰特参加选秀之前，他都一直认为比斯利有“状元”之才。但最终比斯利成为 2008 年 NBA 的“榜眼”，杜兰特是 2007 年的“榜眼”。渐次进入 NBA 之后，二位“榜眼”的命运就此逆转，自此再也没有交点。懒惰和勤奋是天才们的地狱和天堂，对待生命的态度给生命画出了不可逾越的鸿沟，杜兰特青云直上，比斯利则碌碌无为，但杜兰特一直视比斯利为生命中最重要的朋友之一。

2005 年杜兰特代表蒙特罗斯基督学院征战高中联赛

04

篮球即生命

2005

少年时期，杜兰特在美国业余运动联盟（AAU）取得了一定成功，他所在的美洲虎队拿了好几次全美冠军。后来，他又在首都蓝魔队效力了一段时间，那时候他和泰·劳森做队友。即便如此，现在的成功也是当年想都不敢想的美梦。

如今，在篮球之巅，面对最好的防守者，杜兰特跑位、滑步、接球、屈膝、弹起、瞄框、抖腕出手，视防守者如无物。此刻的他才体会到布朗教练“魔鬼训练”的意义——篮球就是投篮，简单到极点的事情，但你需用一生的血汗去把它做到极致。

杜兰特渐渐长大，身高臂长，但相貌却还是憨厚淳朴，毫无黑人小生们的英俊和精致，但只要他笑起来，宽阔的额头放着光，依然还像一个单纯质朴的孩子。

2005 年，当杜兰特带着全国冠军的头衔，离开大名鼎鼎的橡树山高中（卡梅罗·安东尼的母校），转学到马里兰的蒙特罗斯学院时，凯文·杜兰特的名字已经家喻户晓。而等到杜兰特率领名不见经传的蒙特罗斯校队神奇地屠弑旧主，送给橡树山高中在 2005/2006 赛季唯一的败绩时，他已渐入美国高中篮球的神坛。

华盛顿的老街坊们会在黄昏里对着那片山坡感慨唏嘘：瞧，那是凯文最爱的地方。

从小时候一直到高中，弗兰科伊斯·阿德金斯都是杜兰特的队友。“凯文要比我们每个人都更刻苦，这就是他想要的。我们其他人会一起去看电影，但是他一直留在球馆训练。他从不出席聚会，他总是在打篮球，他到哪里去身边都带着一个篮球，那是他的灵魂伴侣。因此，他得到了他想要的一切。”

杜兰特说：“篮球就是我的生命，没有它，我的人生无法想象。”

MONTROSE
3
CHRISTIAN

第三章

高中时光

凯 文 · 杜 兰 特 传

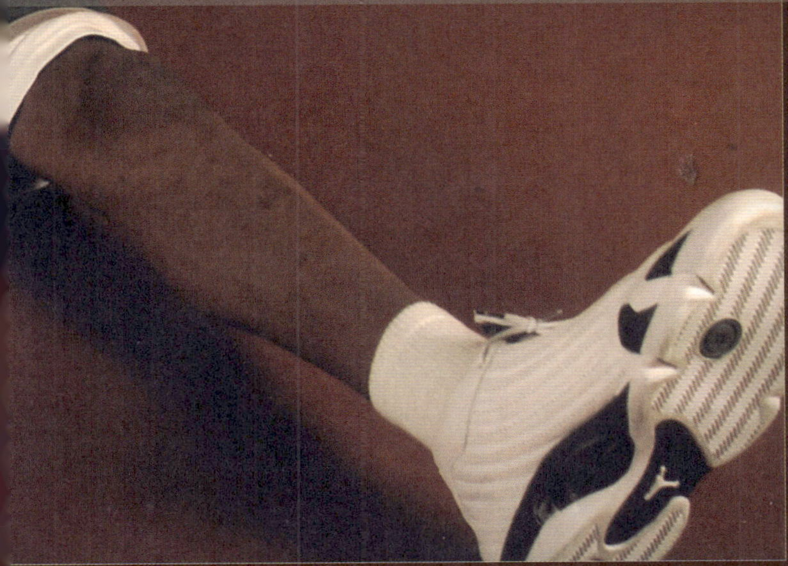

01 KD

查理·贝尔慧眼识珠

2001—2005

杜兰特的高中生涯相当曲折，4年高中生涯，转了3次学校……

即便杜兰特率领美洲虎队拿下AAU全美冠军，但球队的领袖是比斯利，站在那位不世出天才的身后，杜兰特有些黯然失色，才华也几乎被埋没。直到有一天，一个叫查理·贝尔的人出现了，这是杜兰特生命中第三个贵人。

当时查理·贝尔并不是冲着杜兰特来的，他的目标是大名鼎鼎的迈克尔·比斯利。但目光如炬的查理·贝尔还是发现了杜兰特，这位高高瘦瘦、鹤立鸡群、在人群中孤零零的男孩，低调淳朴得令人忽视，但他有一种重剑无锋的厚重感。

那时，杜兰特身材瘦弱，没有哪所高中愿意要他。但贝尔慧眼识珠，在他多方奔波、大力推荐下，杜兰特最终进入了马里兰州的国家基督学院。巧合的是，杜兰特和比斯利又在同一所学校打球了。悲催的是，杜兰特在篮球的世界依然笼罩着比斯利的阴影。

比斯利凭借过人的天赋，迅速成为全队领袖，杜兰特依旧是他的副手。比斯利在高一赛季场均砍下30分、10个篮板的恐怖数据，成为全美第一高中生。而杜兰特依然籍籍无名。在马里兰国家基督学院，几乎所有人的目光都聚焦在比斯利身上。

杜兰特在高一年级的时候，除了灵光一现的进攻天赋，没有更多亮点能进入那些篮球专业人士的法眼，他们从来不认为这位瘦高男孩能够进入NBA。

虽然饱受质疑，但杜兰特仍然记得那个阿姨说："你应该穿23号，你打球像迈克尔·乔丹。"

梦想在继续，训练在继续，绕球场跑100圈，1000个仰卧起坐，500个俯卧撑，50到70次的山顶冲刺跑，鸭步蟹步的训练，这些都是杜兰特练习篮球启蒙时期的训练内容，但在他成长的道路上，每天这些事情都会重复发生。

02 KD

心绪难平

2005—2006

杜兰特在国家基督学院的高二那一年长高了十五六厘米，达到 2.06 米。随着身高的猛增，杜兰特的篮球之路开始如投篮般顺滑，他的无球跑动和接球投篮渐入佳境，很难再有人能限制他，小时候的那些魔鬼训练也逐渐展示出了神奇效果。

那年，杜兰特带领着国家基督学院打出 27 胜 3 负的骄人战绩，但福兮祸所伏，当杜兰特初次获得成功的时候，上天却给了他致命一击——2005 年 4 月 30 日，杜兰特的启蒙恩师查尔斯・克雷格遭枪击身亡。

查尔斯・克雷格的猝然离世让杜兰特备受打击，相比较严厉苛刻的布朗教练，克雷格更像一位慈父，在他遭遇挫折和困顿的时刻，能耐心地开导他。

因为查尔斯的死，杜兰特变得偏激易怒，开始在场上喷垃圾话，挑衅对手，并且一度不想走进训练馆，不想摸篮球。低迷的情绪一直持续着，直到有一天忽然顿悟。

时间可以抚平一切，而篮球才是治愈一切的良药。杜兰特开始在每场比赛前在球鞋上写“平常心”，他又回到了训练场。

国家基督学院再也不是乐土，杜兰特选择转学，万幸的是，他没有因为情绪抛弃篮球。高三赛季是杜兰特辉煌的开始，那一年，他背井离乡远赴橡树山高中。

橡树山在美国高中篮坛的名气无可比拟，在这里，杜兰特会成为全美球探注目的焦点，而与杜兰特一同加盟橡树山的还有好友泰・劳森。

03

全美第二高中生

2003—2006

加盟橡树山的选择堪称英明，高一那年，杜兰特在全美高中生排行榜上排在百名开外，没有人知道他是谁。甚至一些都不为大家认识的名字倒是常常出现在榜首。高二那年，也是杜兰特重拾信心的一年，杜兰特在全美高中生排行榜上的排名上升到第九，在这里，橡树山帮他正式冲击全美第一小前锋。

橡树山高中是全美国最有名的篮球高中，他们盛产 NBA 巨星，这是卡梅隆·安东尼和斯塔克豪斯的母校。当不世出的天才詹姆斯带着圣文森特·圣马里中学挑战橡树山的时候，全美第一次直播了一场高中篮球赛，两个天才詹姆斯与安东尼的对峙，那是火星撞地球一样的盛况，堪比 NCAA 总决赛和 NBA 全明星赛。

而杜兰特自然也成为加入这所学校后的受益者。事实上，在进入这所学校之前，也就是他在念高二的时候，杜兰特依旧处于自卑的状态，他很长时间处在压抑中，不知道这是不是之前一系列的打击所造成的。他从来不认为自己是一个所谓的巨星，有人找他签名的时候，他还会好奇地问这是为什么。直至在橡树山，他彻底打出了信心。

他去橡树山高中试训的第一天就遇到约什·史密斯，他们玩了一次一对一，杜兰特惊奇地发现自己已经有实力同约什·史密斯一较高下了。而这位约什·史密斯就是后来 NBA 的“鹰王”，以运动力超群闻名于世，他曾获得 2005 年全明星扣篮大赛冠军，并且刷新了 NBA 历史最年轻盖帽王的纪录。那场对决中，杜兰特才 15 岁，史密斯比他大两岁，半年之后，史密斯就加盟了 NBA 的亚特兰大老鹰队。

“在约什面前，凯文并没有吃亏，”橡树山高中的教练斯蒂夫·史密斯回忆道，“他撑住了。我的意思是，他一直在得分，丝毫没有落在下风。”

史密斯教练当时就喜欢上这个同时拥有内线身高和外线技术的小伙子，他知道自己得到了一个前所未有的天才。当然，杜兰特立刻就被橡树山高中录用了。

“念高二的时候，我都不确定自己能否成为一名优秀的职业篮球运动员。”这是杜兰特自己说的。那个时候，很可能某一个很小的打击就会让他放弃这个他热爱的事情——他为之奋斗一个童年和青春期的运动。但是，一切也因为他当初那句话——他要成为一个 NBA 球员，他的母亲总是在他最脆弱的时候提醒着他。

他在橡树山高中只打了一年球，平均每场能拿 19.9 分和 8.8 个篮板，整个赛季，杜兰特的投篮命中率高达 65%，三分球的命中率高达 43%， 罚球命中率达到 77%，入选全美第二阵容，他带领橡树山高中打出了单季 34 胜 2 负的成绩，并杀入了 2004 年的莱斯·施瓦博邀请赛。

最重要的是，他具备在比赛中上演绝地反击的能力，就如同后来我们经常在第四节看到他独得 16 分一样。半决赛里，他们的对手是来自波特兰的杰弗森高中，正是杜兰特最后时刻连得 9 分，帮助球队成功锁定胜局并拿下了那年的冠军，他拥有最后时刻的杀手本色和关键球天赋。

在他高中生涯的最后一年，因为离家太远的缘故，他不得不在高四又转学回到了家乡的蒙特罗斯基督学院，并在那里完成了高中学业。在那里，他的技术变得更加细腻，成长为全美第二号新秀。

高四一年，杜兰特场均得到 23.6 分、10.2 个篮板、3 次助攻、3 次抢断和 2.6 个盖帽，帮助蒙特罗斯基督学院取得了 20 胜 2 负的战绩，以九号种子的身份进入了锦标赛。

锦标赛中，蒙特罗斯要对阵排名全美第一的橡树山高中，也就是杜兰特高三就读的学校。面对老东家，杜兰特毫不手软，全场砍下 31 分，帮助球队带走一场胜利。

后来，NIKE 为杜兰特推出了一双蒙特罗斯基督学院配色的球鞋，这双鞋就是为了纪念他在蒙特罗斯基督学院的岁月。这一年，杜兰特在全队得分榜上始终高居榜首，被《华盛顿邮报》评为当年的全美最佳高中生。赛季结束后，杜兰特被 Rivals.com 网站评选为全美最佳小前锋，进入了麦当劳全美高中生第一阵容。

认识他的人都说他是一名勤奋的球员，他拥有出众的身高，良好的投篮手感和运球技巧。在众多超级高中生参加的全美麦当劳大赛上，杜兰特在最后时刻率领球队打出一波 17 比 0 的超级攻击波，帮助球队以 112 比 84 拿下最终的胜利。他在这波进攻中独得 11 分，全场取得 25 分，最终与蔡斯·巴丁格一起举起了麦当劳大赛的 MVP 奖杯。

正是在这一年，杜兰特开始被人们视作是仅次于格雷格·奥登的全美最佳高中生。

04

像麦迪一样打球

2006

当杜兰特 18 岁的时候，他已经拥有超乎同龄人的天赋，球场上，他能够打五个位置，他成为全美第二高中生，仅名列“大帝”格雷格·奥登之后。

当杜兰特离开橡树山高中时，史密斯教练就预言，杜兰特早晚有一天会比卡梅隆·安东尼还要出色……要知道，安东尼可是橡树山高中历史上最强球员。

尽管杜兰特已经是全美最顶尖的高中球员，却还是每天努力训练，滑步、接球、投篮、冲刺跑，就像他还是 11 岁的小孩子，就像他第一次摸到橙色的篮球，就像他当年在运动中心跟着坏脾气的塔拉斯·布朗那样。他的技术越来越丰富，打法越来越细腻，球风飘逸，手感流畅，身上渐渐有着巨星的影子。

他从不认为自己应该拥有作为领袖的特权，也不觉得应该在比赛中无限出手，忘掉那些存在感糟糕的队友，他从不把一打五当作是光荣的事情，尽管他确实是常常一个人扛起球队、拯救球队。

杜兰特说过：“我完全不觉得我是救世主。我不是场上唯一的球员。我不可能包办所有的事情。我不知道为什么所有人都对我说‘请你挽救球队’。我希望成为团队合作中的一分子。我不认为自己承担了很大的压力，我只是在努力从比赛中寻找乐趣，从比赛中学习，保持我进步的势头。”在大家都年少轻狂的岁月，他居然能如此理解团队运动的意义，可见他从来都是一名团队球员，而不是自私的得分手。

小时候，除了训练，布朗教练和克雷格教练常常带着杜兰特一起观看录像，那时候特雷西·麦克格雷迪是联盟最好的球员之一。

而身处遥远的华盛顿郊区的杜兰特在身材上和他如此相似，他们同样高挑瘦削，同样飘逸灵动，那时候布朗教练就有先见之明，他把杜兰特的模板定为特雷西·麦克格雷迪了。

他那些接球跳投、底线突破、运球一步突破的训练项目，很大程度上都是麦迪的看家绝技，而杜兰特天生就适合这些洒脱迅捷的技术，似乎这都是为他量身打造的。

布朗教练总是恶狠狠地威胁他：“如果你以后不能像麦迪一样打球的话，那么你每天就去‘鬼山’跑 50 个来回。”

2007/2008 赛季西雅图超音速客场挑战休斯敦火箭

杜兰特的确是麦迪的粉丝，他喜欢麦迪潇洒灵气的动作，他也为他万花筒一般的得分手段而欢呼膜拜，但在骨子里，杜兰特却不是麦迪那类型的球员。

“我不想做一个没完没了出手的人，我不想我的队友看到我拿球的时候就抓狂。”是啊，布朗教练小时候就教过他——不许单挑，篮球是一项团队运动。

他长着麦迪的身体，却有着伯德的心。

第四章

得克萨斯长角牛

凯文·杜兰特传

01 KD

杜兰特去哪儿?

2006/2007

高中毕业那年，杜兰特忽然成为全世界的宠儿。发小泰·劳森不断地游说杜兰特和他一起去“篮球圣殿”北卡罗来纳大学，继续一起打球，但是显然有人捷足先登了。

得克萨斯大学助理教练拉塞尔·斯普利曼同样锁定了杜兰特，斯普利曼自己本身便是马里兰州人，对于同州的这位新星了如指掌，在杜兰特还在念高中二年级的时候便发现了他，然后开始进行持续不断的攻势，他对这位天才志在必得。

在斯普利曼孜孜不倦地游说下，杜兰特最终加盟得克萨斯长角牛篮球队（队徽就是一头当地盛产的长角牛，因此得名）。斯普利曼不断给杜兰特灌输“心灵鸡汤”，他总会告诉杜兰特：来到长角牛后会有一片新天地，可以一直在万众瞩目中打球。

2005 年 11 月 9 日，得克萨斯大学主教练里克·巴恩斯早早宣布了即将加盟的球员：马丁·希尔、贾斯汀·梅森、哈里斯·史密斯、皮特曼和凯文·杜兰特。除去杜兰特全美第二高中生的头衔，剩余四人中最好的排名是皮特曼的全美第 51 位，这并不是一支明星云集的 NCAA 超级强队。

当时全美所有篮球名校都希望得到杜兰特，但最终杜兰特拒绝了北卡和康涅狄格的邀请，选择了得克萨斯大学。

杜兰特与得克萨斯大学签约的

杜兰特为得克萨斯大学拍摄宣传照

那一天，蒙特罗斯基督学院的主教练斯图·维特打了个电话给他的老朋友、得克萨斯大学主教练里克·巴恩斯，他用笃定的语气告诉巴恩斯："他将成为你所教过的最好的球员。"

16个月以后，巴恩斯不仅赞成维特的观点，还煞有介事地补充了自己的看法，他说："他是我教过的球员当中最好的一个，或许还是我所有想教的球员当中最好的一个。"

当时杜兰特只有21岁，但在篮球场上已经算得上是久经战阵、经验丰富了。熟识他的人们很难说清这个大男孩最令人印象深刻之处，到底是球技，还是为人。

"看着他一天天地成长是件很有趣的事情。"曾向杜兰特抛出橄榄枝的得克萨斯名帅里克·巴恩斯说，"他是个很特殊的孩子。"

巴恩斯讲述了一个最能体现杜兰特为人处世的故事。在奥斯汀读夏季学校时，杜兰特在球馆里训练到很晚。新生迪恩·梅尔乔尼走进球馆，吃惊地发现杜兰特正和朋友们在一起投篮，一时不知所措。

"当梅尔乔尼准备悄悄离开时，凯文突然跑上前主动打招呼：'你不是那个新来的吗？'"巴恩斯说，"他尴尬地答道：'是的。'"

凯文拉住他："好吧，我是凯文·杜兰特。欢迎来到得克萨斯大家庭。到这儿来和我们一起投篮吧。"

02

大学篮坛的翘楚

2006—2007

进入大学之后，杜兰特彻底崛起了，这是他的时代。杜兰特赛季投篮命中率达到了47.3%，三分球命中率达到40.4%，并且每场还可以抢到11个篮板。大一赛季一共35场比赛，他4次砍下单场37分，11场比赛超过30分，几乎所向无敌。

最值得一提的，也是最值得记住的一组数据是，在2007年1月31日对得克萨斯理工学院的比赛中，杜兰特豪取37分和23个篮板！距离比赛结束还有七八分钟的时候，杜兰特就得到这样恐怖的数据，播音员激动地嘶吼道："凭一己之力就摧毁对手！这是大十二联盟历史上最伟大的个人表演！"

杜兰特的静态天赋，几乎强到史无前例！

身高2.06米，体重只有102公斤，臂展达到2.25米。三分线的距离投射、抢位置、晃倒对手上篮、禁区防守、背对篮筐进攻、攻守转换中处理球以及快攻灌篮，这家伙无所不能！

杜兰特在大学的一年里，带领得克萨斯大学打出了25胜10负的战绩。尽管身材比较纤细，杜兰特依然十分喜欢在低位单吃那些大个球员，并且利用身高优势在那些矮小的后卫头上投篮。

ESPN的评论员迪克·维塔尔高度赞扬了杜兰特，称他是有史以来"进攻产出最高效的大个子外线球员"，并且将杜兰特的比赛风格和类似凯文·加内特、德克·诺维茨基这样的NBA超级巨星相提并论。

在对阵得克萨斯理工学院的比赛中，凭借37分和23个篮板的惊人表现，杜兰特帮助球队取得胜利。赛后，对手的主教练鲍勃·奈特形容杜兰特"反应迅捷，速度出众，非常出色"。

还是大一新生的杜兰特就以极其强悍的气场震惊了整个 NCAA。他被评选为赛区的最佳新人，并且是 NCAA 年度最佳新人的最有力争夺者。杜兰特以得克萨斯新人的身份，在 NCAA 联赛中每场取得 25.8 分和 11.3 个篮板的成绩，这两项数据都是大十二（BIG XII）联盟最优秀的。

这个赛季，得克萨斯长角牛队最终排名分区第三，在分区锦标赛中取得了 12 胜 4 负的战绩，获得了大十二联盟锦标赛的亚军。在 NCAA 锦标赛中，得克萨斯大学最终在 NCAA 锦标赛第二轮以 68 比 87 输给了南加州大学，与冠军无缘，然而仅仅在比赛结束后三小时，杜兰特就出现在球馆开始训练。

2007 年 3 月，杜兰特被选为 NABC 赛区年度最佳球员，荣获奥斯卡·罗伯特森奖和阿道夫·F. 鲁普奖，要知道此前这些奖从来没有垂青过任何一名一年级生。

2007 年 3 月 30 日，他被美联社选为年度最佳大学生运动员，成为自 1961 年设立这个奖项以来，第一个获奖的新生，也是第一个获奖的得克萨斯大学的学生。

2007 年 4 月 1 日，他成为有史以来第一位获得奈史密斯奖的新生，4 月 7 日，获得了约翰·伍登奖。

03 KD

没有人能够以一敌五

2006—2007

尽管杜兰特已经是全美最顶尖的大学球员之一，却还是每天努力训练，就像他当年在运动中心跟着塔拉斯·布朗那样，依旧心怀赤子之心。即使巴恩斯教练让球队休息一天，杜兰特也不会就此松懈，他一定会自己加练。就算进不了训练馆，用不了训练器材，他也会跑到学校的娱乐中心，跟普通学生一起进行投篮训练。

在 2006/2007 赛季，得克萨斯长角牛队是全国前 25 名大学球队中平均年龄最低的一支。队里仅有一名大四生和两名大三球员。虽然只是大一新生，杜兰特已经颇受瞩目。

“这很疯狂，他才刚刚进入大学，就要受到这么多的关注，”队友奥古斯丁说，“他这么小就要面对这么多复杂的情况，每天都有很多相机镜头对着他，有很多人索要签名，但他始终都保持着谦卑谨慎的态度。”他们说得没错，在《DIME》杂志为得克萨斯长角牛队和杜兰特拍摄独家封面照期间，大家深深体会什么叫作“团队篮球”和“家庭氛围”。

杜兰特答应媒体给他拍照，但要同意他的一个条件：他不愿意单独出现在任何一张照片中，他的队友必须和他同时出现在照片里，不要问为什么，没有商量的余地，没有单独的巨星杜兰特，只有其乐融融的得克萨斯长角牛队。

杜兰特对媒体说：“我真的非常感激《DIME》杂志能够给我们这样一个机会。请原谅我对你们提出的条件，要知道，如果没有队友，就没有现在的我。说真的，没有他们，我一无是处。没人能以一敌五。”队友梅森觉得杜兰特天生就是一个团队球员。

“《DIME》杂志采访和拍摄杜兰特的时候，我就在那儿，”梅森说，“他很直率，他迫不及待地要把心里的团队精神表达出来。第一次碰到他时，我想这家伙一定是个高傲自大的自恋狂，但实际上他不是，恰恰和我想的相反，他就像你隔壁邻居家的大男孩。”

THE BASKETBALL LIFESTYLE MAGAZINE
Dime
THE GAME. THE PLAYER. THE LIFE.
KEVIN DURANT
HEAD OF THE CLASS
DIRK NOWITZKI:
"I WANT TO BE A CHAMPION"
THE CLASS OF '07:
THE BEST HS
GUARDS EVER?

04 KD

快把他送进 NBA 吧

2007

大家都把杜兰特当作 NCAA 史上的传奇人物，得克萨斯的同学们把他当作篮球场上的神锋，甚至教练们都觉得他胜过皮尔斯和安东尼，但杜兰特自己并不这么认为。

杜兰特志存高远：“我了解大学篮球和高中篮球是非常不同的，要经历一个艰苦的转换过程，但我做好了准备，只希望自己能一天比一天更强！”

还要更强？ 37 分和 23 个篮板，这难道还不够强吗？但杜兰特永不止步。

一般球员长到杜兰特这么高，都会被挤到低位打大前锋，但杜兰特的位置还是小前锋甚至得分后卫。 杜兰特拥有不错的篮板与盖帽能力，但他深知自己的不足。

作为进攻尖刀，杜兰特本可以不用承担过多的防守任务，但他丝毫不放松对防守技术的训练，比重已经超过了自己在进攻端的练习。但是防守不是一个人埋头苦干就能练出来的。于是杜兰特有了去打街头篮球的想法。“防守没法自己练，所以我去打街球，去防守对方最好的那个人。”杜兰特终于打破塔拉斯·布朗的禁令，跑去街球场玩一对一斗牛了，他觉得这能大幅提升他的防守能力。

杜兰特击败了大十二联盟的所有对手，成为大十二联盟有史以来最优秀的球员。俄克拉荷马州立大学队教练西恩·索顿，在杜兰特与自己球队大战三个加时，夺下 37 分并投中致命一击后说，“他甚至比保罗·皮尔斯更加出色。”

密苏里大学的迈克·安德森说得更夸张，“快把他送进 NBA 吧！”他眼看着杜兰特在对自己执教的老虎队身上肆虐，拿下 34 分，“这家伙不属于大学篮球，哥们儿！把他留在这里，会让很多球员丧失取胜的信心。”

2007 年 3 月 18 日 NCAA，全美锦标赛 32 进 16 的比赛，得克萨斯大学对阵南加州大学，虽然杜兰特砍下 30 分、9 个篮板，但双拳难敌四手，得克萨斯大学以 68 比 87 告负，爆冷出局。

2007 年 3 月 30 日，杜兰特凭借着在 NCAA 的火爆表现成为 NCAA 历史上第一个包揽全美最佳运动员、奈史密斯奖和伍登奖的大一新生。

然而，在这样一个辉煌的赛季结束后，杜兰特也面对着双重选择：究竟是留在得克萨斯大学再打一年，还是直接参加选秀？毫无疑问，如果杜兰特决定参加当年的 NBA

选秀，他肯定会进入乐透前三。

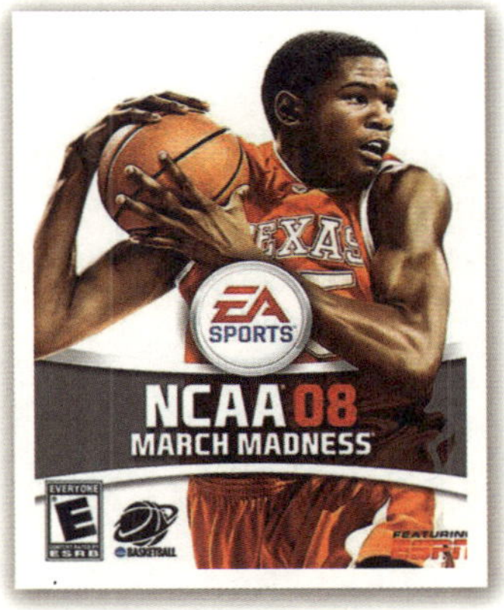

尽管有消息称杜兰特可能会留在学校，帮助得克萨斯大学冲击来年 NCAA 总冠军，但最终他还是在 4 月 11 日对外声称将参加 NBA 选秀。

2007 年 5 月 25 日，杜兰特和 Upper Deck 公司签下了他职业生涯第一份正式合同。公司表示杜兰特的新秀球星卡将成为 2007/2008 赛季公司经营的重点之一。与这家公司签约的球星还有迈克尔·乔丹、勒布朗·詹姆斯、科比·布莱恩特和德怀恩·韦德。

此外，杜兰特还成为 EA 出品的《疯狂三月大学篮球》游戏的代言人。不仅如此，杜兰特和吉尔伯特·阿里纳斯合作出现在了《NBA live 08》的游戏封面。

不久之后，他得到了一个好消息：他入选了美国国家男篮，事实上早在 2007 年 2 月底，杜兰特就接到入选美国男篮的通知，他也是继格雷格·奥登之后第一个获此殊荣的新生，这一刻，他一举成名天下知。

时来天地皆同力，幸福来的令人措手不及。但杜兰特依旧记得自己做了什么，应该得到什么？那些山上的石头最清楚。现在，所有的队友、对手以及 NCAA 的教练们整天念叨的就是快把他送进 NBA 吧。

DURANT
35

第五章
梦想的曙光

01 KD

选秀前的争论

2007

杜兰特从9岁起就计划好了他的人生，他做的一切努力都是源自对妈妈的承诺。

NBA，美国四大联盟之一，最了不起的职业体育，世界上最高水准的篮球联赛，同时也是纸醉金迷的英雄地和销金窟，所有黑人孩子一辈子的终极梦想。

但生命不是一个可以计划的东西，它捉摸不定、充满变数，许多更有天赋或者是更努力的孩子，没有支撑到梦想实现的那一刻，总是令人扼腕叹息。

试想一下，如果当年的完达·杜兰特没有带着孩子去阿纳卡斯蒂亚河畔的锡特·普莱森特活动中心玩耍，或者那天8岁的杜兰特没能遇到胖胖的查尔斯·克雷格；或者他打球的时候那位路人阿姨没有说“你打球像迈克尔·乔丹”；再或者他在美洲虎的最后时刻没能遇到慧眼识英雄的查理·贝尔。他的命运该如何书写？

杜兰特的选秀引发了一场激烈的讨论，人们都在谈论谁将会成为新的状元秀，究竟是杜兰特还是来自俄亥俄州大学的中锋奥登。尽管许多分析专家认为奥登成为状元签的可能性更大，波特兰开拓者队依然表示有可能用状元签选择杜兰特。

当然，如果他没有能够得到波特兰的垂青，他将会降临在西雅图，西雅图拥有当年的榜眼签。但总而言之，无论是天赋，还是努力，抑或是运气，杜兰特终于把十多年的汗水兑换成功，NBA在向他招手，梦想的曙光已经闪现。

其实在高中的时候，杜兰特就已经成为全美第一小前锋，高中生排行榜仅次于史无前例的格雷格·奥登，但是以前受到的挫折让他变得愈加谦虚。他依然静如止水，波澜不惊。每当有人找他签名的时候，他总悄悄地和身边的人说，自己仅仅是一个普通人。

正如高中教练所预言，从他进入大学的那一刻起，他就被大家不停地拿去和卡梅隆·安东尼作对比，人们会问他能不能像卡梅隆·安东尼那样登上人生的巅峰。“你们知道吗？我并不认为那是什么压力。”杜兰特说，他身上背负着太多的期待，期待他能够带领球队夺得 NCAA 冠军。

“不光是我这么认为，每一位球员都要为球队付出自己最多的努力，每个人都会成为卡梅隆·安东尼那样率队勇往直前的领袖。”“成为卡梅隆·安东尼，还是不会成为卡梅隆·安东尼？”这样的争论会一直延续到他进入 NBA 的那一天。

NBA 球探们的目光早已汇聚在他身上，他原本可以像科比、詹姆斯、霍华德那样提前进入 NBA，早早享受炫目的镁光灯、大把的美钞和全世界的关注。

但糟糕的事情发生了，2005 年，NBA 颁布了一条新规则，他们拒绝让高中生参加选秀，这让凯文·杜兰特和赛迪斯·杨等天才球员无法用最快的脚步跨进新世界。

在马里兰洛克维尔（Rockville）的蒙特罗斯基督学校，你能听到无休止的唠叨声，他们一直在讨论为什么要颁布这样该死的规则，因为他们学校有一个全美高中生排行榜第二的球员——凯文·杜兰特。

杜兰特自己也曾表达过不满：“如果今年能参加选秀的话我想我会去，因为去 NBA 是我的梦想，为什么不是越早越好呢？”

但事实上，这条规则到如今都没有让人觉得他们是否是正确的。当人们都在谈论利弊的时候，却总看不到底层人们真实的一面。杜兰特高中的那些年，闪现出了一批非常出色的年轻人，其中有赛迪斯·杨和保罗·哈里斯等人。

但事实上，联盟的这一项规则的改变到底是拯救了高中生球员还是害了他们呢？赛迪斯·杨在进入 NBA 之后中规中矩，但保罗·哈里斯则在高中联赛中叱咤风云之后，在 NCAA 里却令人失望，在 2009 年选秀大会中落选，最终在菲律宾联赛漂泊至今。NCAA 到底给了球员什么，又夺走了什么，谁也说不清楚。

但杜兰特不受任何外力影响，有时候你真的相信上天总是帮助他选定的人，无论在高中还是 NCAA，杜兰特都是天之骄子，压在他头上的只有号称美国历史传奇中锋——格雷格·奥登。

从最符合逻辑的角度分析，杜兰特在 2007 年 NBA 选秀大会上将会遇到的最坏情况，最多也就是在奥登之后的第二顺位被选中。这并不是说在第一位选择奥登的球队是看走了眼，来考虑一下：奥登，身高 2.13 米，体重 127 公斤，他已经几乎长到了极限，而杜兰特则还有很大、很大、很大的空间可以发展，不论从身高方面，还是从比赛方面。

02 KD

绝不顾影自怜

2007—2008

阿兰·斯坦两年来一直担任杜兰特的个人训练师，直到杜兰特结束在蒙特罗斯基督学院的高中职业生涯。他是大名鼎鼎的 E.A.T.S.（精英运动员训练系统）拥有者。

“当凯文来到蒙特罗斯时，他才只有 84 公斤，在这儿的两年，我们帮他增加了 9 公斤肌肉。”斯坦说。他经常给凯文制订增重食谱，让凯文在家的时候也不停地喝功能饮料，吃香蕉、花生酱、酸奶酪、牛奶以及蛋白粉。“每天，我都要求他的父母监督他吃完这些东西，比赛需要强健的体魄，从食物里摄取能量是最快最直接的办法。”

“当他进入得克萨斯大学以后，那里的训练师又给他增加了另外 9 公斤体重，而凯文却没有因为增重而丧失灵活性，”斯坦说着，很得意，凯文已经证明了他的训练系统是多么的卓有成效。

“我觉得他最合适的体重应该是 109—111 公斤，这不会影响他的其他素质。在我看来，这个孩子比其他大学一年级生长得更完全。只是他需要再大些、再壮些，进攻的时候再多些动作。大概到他二十二三岁的时候吧，凯文就会像一匹成年印第安马那样壮实有力了。到时候，谁还能防得了他？”

想想 NBA 中哪位球星和杜兰特未来的样子最像呢？恐怕还真难找到一模一样的。他现在的体型和活塞前锋泰肖恩·普林斯相仿，但凯文的尺寸更大，而且技术比普林斯还稍差一点。

另外，还有很多人拿他和另一个凯文相比较，而且，杜兰特和刚进入联盟时的加内特还真有点神似，但那时的“KG”（凯文·加内特）可没有现在杜兰特那么多的进攻手段。你从没看到 18 岁的加内特面对防守者，在 25 英尺（约 7.62 米）外拔起跳投，不是吗？在三分线外，杜兰特可是一把好手。

“他是小詹姆斯·沃西，小特雷西·麦克格雷迪。”一位 NBA 球探说，“他的控球不如麦迪，但他可以像麦迪那样投篮。背对篮筐时，他的进攻和卡梅隆差不多。他的篮板能力和沃西一样。他不像加内特，至少现在不像。因为进入 NBA 后，他不可能每场比赛都抢到 12 个篮板！”

杜兰特代表得克萨斯大学征战大学联赛

“他不能马上帮助选择他的球队，但奥登以及乔金·诺阿却可以做到。”这位资深球探继续说，“我并不是在否认他的天分以及勤勉，我也不是说他不会成为联盟中的球星，我只是说他将来会碰到一点小麻烦，特别是头两三年，因为他太瘦了。他会变得不同，凯文·杜兰特生来就是为了得分，当他退役的时候，他一定会带着很多很多纪录离开。”

“我不知道自己什么时候才能做好进入 NBA 的准备，”杜兰特说，“我感觉自己还在成长，我还不知道自己什么时候才能做好全部准备。篮球智商，我也不知道自己的篮球智商够不够高。我想这个赛季结束之后，我心里就有点谱了 。”

2007 年杜兰特刚满 18 岁，他就成了全世界注视的焦点，宣布参加选秀后，他接受《时代》杂志的专访。当主持人问他是否为自己大一表现惊讶的时候，杜兰特依旧谦虚。

“是的，我在高中的时候从来没拿到过 30 分，也许第四年拿过，当我在大学拿到 30 分的时候我兴奋极了，就好像‘嘿，伙计，我第一次拿到 30 分，这可是在大学啊！’但是真正的乐趣在于，我看到各种不同的防守，我们谈及很多球队，‘噢，他不会对我们这么做’。”

杜兰特的谦虚勉励自己不断前进，他还只是个孩子，对很多纪录都充满着热忱。人们还是质疑他，一个身高达到 2.08 米的家伙竟然只有这么点体重，这样的身高不去内线拼搏而在得分后卫的位置上欺负矮个子，他进入 NBA 后绝对干不了这样的事情。

他没有在媒体面前公然声称自己一定要取得如何如何的成就，而是将投篮和奔跑带进了训练馆。

即便如此谦虚，但是这个世界，总会有人充满恶意，各种羡慕妒忌恨都接踵而来。太多的人都不希望杜兰特变得越来越好，这其中甚至有一些是他的好朋友。这种事情令人恐惧和厌恶，却无法彻底摆脱。

杜兰特后来回忆道：“他们甚至说，我讨厌你，你进入联盟做不了任何事情，你还没有准备好，你不应该离开大学。”杜兰特听到这样的评价心底总会漾起一丝涟漪，“我只是想告诉他们，不要担心我，总有一天我会在你们面前展示我自己。”

但是说大话不是他的个性，就如同有一天，他在尝试挑衅对手，最终收获一份 17 投 2 中的成绩单一样，那个惨痛的教训使得他永远铭记——只能用实力去让别人记住自己。

除了这些糟糕的问题，凯文是个相当享受生活的人，这可是大学啊，一闲下来，他和队友们一样，听着 iPod 里李尔·韦恩的歌。“这是我最喜欢的歌。”他跟着节奏点着

头，一边说。

“你最喜欢李尔·韦恩的哪句歌词？能唱出来吗？”

“噢，当然，”杜兰特马上哼了起来，“虽然这个世界阴冷充满欺骗，但我还是抬头向天绝不顾影自怜（Although this world is cold and deceiving, I keep my head up like my nose is bleeding）……每个人都有一种惰性，惰性会导致人丧失进取心，这样会让关心我的人失望，知道吗？我不会让关心我的人们失望。我一直以来都刻苦训练，现在，努力得到了回报，我在大学打出了一片天地，但我知道，我还有很多工作要做，还有很长很长的路要走。”

不论杜兰特决定将要做什么，他说他都会在休赛期回到马里兰的家乡去看看。塔拉斯教练在等他，“鬼山”也在那里静静地等他。

03 KD

糟糕的体测

2007—2008

对于杜兰特的质疑并不完全是空穴来风，他的确不够壮实，他的确体重偏轻，他的面相看起来就不像个巨星。

自卑和自尊的双重矛盾也曾在童年和少年时代对他纠缠不休，以至于他不愿回首面对那些糟糕的日子。

他不是科比、不是邓肯、不是奥尼尔、不是詹姆斯，甚至不是安东尼，杜兰特从小并不是别人眼里的未来巨星，因为他身边总站着很多比他更具天赋的人，比斯利、劳森，甚至一些后来无缘进入 NBA 的人，这些人比他更具有巨星相。

即便是在 AAU 打出好成绩，即便帮助球队拿到了多个全国冠军，但是他依旧不能引起别人的注意，因为他的身边站着的还是上天入地无所不能的比斯利。

小时候，迈克尔·比斯利才是球队的核心，他能得分、能抢篮板，他的全能让主教练早早就认为，他会成为未来的 NBA 巨星。而杜兰特，因为他的高个子，更多的是被安排去抢篮板，但是，他骨瘦如柴的身体在内线毫无办法。

那时没有人会想到杜兰特会是未来巨星，大家甚至怀疑他到底能不能进入 NBA。

一个人在压力下会走向两个极端，或是以过度自信应对别人的轻视或是越来越自卑，最终走向溃败。杜兰特也差点走向溃败，如果没有外祖母、妈妈、查尔斯、布朗、查理·贝尔的话，也许我们如今都不知道杜兰特是何人。

杜兰特在排除一切干扰，最终决定进入 NBA 的时候说："我想了很多，我爱我在得克萨斯的家，过去一年同他们一起打球我非常开心，这是一份伟大的财富，我通过大学结识了新朋友，理解很多诸如此类的事情。但是进入 NBA 一直是我的梦想，很长很长时间。现在，我有这样一个机会，我必须抓住它。"他终于冲破了所有的阻碍和质疑，紧紧抓住了自己的梦想。

格雷格·奥登，这个在全美传统中锋凋零的年代格外受到关注，人们称呼他是加强版的张伯伦，对他充满溢美之词，而他也成为杜兰特事业中的一道屏障。

在此之前，杜兰特无论如何都无法跨越奥登，当杜兰特籍籍无名的时候，奥登已经成为焦点，当杜兰特在高中初露锋芒时，奥登已经牢牢掌握了全美第一高中生的称号，杜兰特在念完四年高中的时候，只能屈居第二……

而事情也是如此，当一边的奥登在体测中轻松地展示了罕见的野兽般的身体素质时，杜兰特甚至不能推动卧推，更奇怪的事情发生了，他的原地垂直弹跳居然和姚明一个级别，只有 60 厘米。

全世界的人们突然想起这个家伙会不会成为水货。人们一直在猜测这个家伙会不会最终适应不了 NBA 的强度而成为一个可怜的酱油党，消失在历史的长河中。

但是杜兰特对此看得很开，“很多人都在说我不能卧推，如果推不动会让我的顺位降低，那么肯定是一件大事，但是他们说卧推不会让我顺位降低，那么我不会太在意这件事情。”

人们不断地为他找模板，麦迪、詹姆斯·沃西、拉里·伯德、卡梅隆·安东尼、加内特……但是人们总发现没有任何一个人像杜兰特。杜兰特拥有麦迪的投射技巧，他能像卡梅隆那样进攻，他抢篮板的时候像沃西，你能想象，这样的结合会成为一个怎样的球员。

前曼哈顿、圣约翰和新墨西哥州的教练弗兰·弗拉斯奇拉做出了更为耸人听闻的预测，这位 ESPN 的分析师甚至认为杜兰特是加内特和麦迪的结合体，他比加内特更好的地方在于，加内特的覆盖面在禁区，而杜兰特可以像蜘蛛人一样存在于球场的任何一个角落。“现在看杜兰特就像看早年的迈克尔·乔丹和魔术师约翰逊一样。”

“没什么是他做不了的。”当时活塞主教练的弗兰克赞美杜兰特说。

就连竞争对手奥登都赞叹不已，“他在场上拥有惊人的力量，你看着他瘦瘦高高的，你给他一肘，他能轻松做一个转身移动并取得进球，就像这样，苍天呐，他哪来那么多假动作。”

“这孩子就是未来，甚至是篮球运动的未来。”一个东部的管理层人员说道，“他比奥登更好，优于艾尔·霍福德，他比他们都要好，我认为他会成为巨星之一。”

“用卧推能力来考量一个球员是最不科学、最不现实、最愚蠢的做法，这就像批评一个体育记者不会写百老汇剧本一样。篮球就是篮球，不是拳击，不是举重，篮球的力量来自你的臀部、腿部和腰部，这和卧推毫不相干，一头棕熊的力量也很大，但是棕熊会投篮吗？”篮网体能教练理查德对此愤愤不平。

04 KD

NBA，新的篇章

2007—2008

最终，2007 年选秀大会如期举行，杜兰特坐在小绿屋里，唯一的遗憾便是启蒙恩师查尔斯·克雷格没有看到他教育出来的学生如今的成就。

选秀大会那晚，“奥登大帝”众望所归，他又一次压制杜兰特，这位未来的超级中锋荣升“状元郎”。杜兰特被超音速第二顺位摘走，成为 2007 年的“榜眼”。

当天超音速的核心雷·阿伦被交易至凯尔特人，换来 5 号新秀杰夫·格林。超音速将以杜兰特为核心进行彻底重建。

但事实上，抽签之前，就连超音速自己都没想到能抽到榜眼签，他们的目标是杰夫·格林，既符合自己可能抽到的顺位，也是自己喜欢的球员。

“他热爱篮球，而且不仅如此，他还希望自己能够成为伟大的球员。我们在选秀前考察了两个家伙（杜兰特和奥登），我们评估了他们，看他们的性格是否符合我们球队的气质，能否融入球队的文化，而他们两人都非常适合我们。”手持状元签的开拓者队总管凯文·普里查德如是说。

奥登是那种天赋过人的中锋。在选秀报告中，奥登被比作是乔治城大学的帕特里克·尤因，或者是休斯敦大学的哈吉姆·奥拉朱旺。

但是人们很难把杜兰特比作是其他人。要知道若非经过这么多年的勤奋苦练，他不过就是一名毫无特点的球员罢了。

6 月 28 日，在万众瞩目的选秀大会上，杜兰特被超音速在第二顺位选走，成为当年的榜眼。就在杜兰特在选秀大会上被超音速选走后不到一周，得克萨斯大学对外宣布将收藏杜兰特的 35 号球衣。

这件 35 号球衣今后将连同 T.J. 福特的 11 号球衣，高挂在得克萨斯大学的主场弗兰克·欧文中心上空。

一个月后，杜兰特和耐克公司签下了一份 7 年 6000 万美元的合约，这也是仅次于勒布朗·詹姆斯的一份新秀球鞋合约。这样做也就是拒绝了阿迪达斯提供的一份 7000 万美元的合同，杜兰特之所以选择前者是因为他一直以来都在穿耐克的鞋打球。

打过几场夏季联赛之后，杜兰特被选入美国男篮，并参加了全队的训练。一同参加训练营的都是 NBA 的全明星级球员——科比、詹姆斯、波什、霍华德，等等。

尽管在某一场比赛中，杜兰特得到了 22 分，依然不能摆脱最终被裁员的命运。这次裁员的目的是为了精减人员，选出参赛的 12 人名单。

18 岁的杜兰特长着一副娃娃脸，就像 15 岁的孩子，但是全世界的人们，至少是看好他的人们都希望他像一个 28 岁的人一样去打球，人们猜测杜兰特也许会超越奥登，加入勒布朗、安东尼和韦德等未来十年的领军人物中。

“这一切都太令人振奋了，太帅了，我已经准备好了。”杜兰特在被西雅图超音速选中后第二天说道。

那个夏天，褒贬不一的评价充斥着西雅图，而超音速在那个夏天继续做出了一系列动作，将他们原本的城市英雄雷·阿伦和刘易斯送走，转而树立杜兰特和格林为球队核心。

刚到西雅图的时候，杜兰特还没有选购房子，但是不管如何，他都会带上他的母亲和两个表兄弟。人们很好奇，为什么要带上表兄弟？杜兰特却似孩子一般说道，“我需要一些同龄人和我一起出去玩。”

事实上，当你询问任何一个记者关于杜兰特的交友范围的时候，你不会得到你所想要的答案，杜兰特的腼腆超出了你所能理解的范畴。

很小的时候他的所有时间都花在训练上，这让他甚至不懂得如何交友搭讪，这就是他为什么一直单身的原因。有趣的是，进入 NBA 之后，他已经成长为篮球巨星，但是他的腼腆依旧。

有一次，他在推特上试图同著名女歌手凯莉·希尔森搭讪，他原本以为他的主动搭讪会像屌丝与女神一样石沉大海，没想到他竟收到了对方热烈的回应，这让他兴奋了很久，他似乎忘记了自己已经是一位超级巨星，或者说至少是超级新星。

如今，杜兰特已经学会了和“兄弟帮”威斯布鲁克、哈登、伊巴卡、梅诺等人一起购物、吃东西，讨论路过的哪个美女更好看，然后在推特上各种互动取乐，那时候球队最年长的奥利总会跟他们讲述，自己曾经的夜店王子般的疯狂夜生活，不过杜兰特表示自己更喜欢安静的生活。

05 KD

挣扎中的最佳新秀

2007—2008

新秀赛季开始的时候，青年军超音速被打得找不到方向，杜兰特第一次感受到高强度的对抗，他发现自己冲进禁区很难做出舒服的动作，在外线投射也不像以往那么准了。

当时超音速主帅 P.J. 卡列西莫甚至将 2.08 米的杜兰特排在 SG 的位置，卡列西莫甚至开始疯狂透支杜兰特的进攻能力，他选择放手让杜兰特肆无忌惮地出手，给杜兰特无限的出手权，但是这个瘦弱的孩子在对抗上的弱势让他毫无办法。

糟糕的舆论铺天盖地将这个菜鸟淹没，杜兰特第一次遭遇如潮水一般的批评，之前就不看好他的人们弹冠相庆，认为自己的法眼如炬、神目如电，一眼看穿他是一个水货，杜兰特这样的进攻能力强防守能力弱的人，一旦进攻打不顺畅那么他便不会有好的发展，似乎他的好运就要到此为止了，甚至有些媒体宣称他还不如来自中国的 9 号秀易建联。

那年，杜兰特"有幸"成为联盟里 93 个至少 200 次尝试三分球投射的球员之一，很遗憾的是，这次他也是第二，只不过是倒数第二，命中率比他还差的是山猫的费尔顿。就连当地的一些球迷都感到沮丧，这个家伙第一年能拿到 20 分很大程度上来自于他无限的出手权。

2007 年 10 月 31 日，杜兰特第一次登上 NBA 的舞台。他全场得到了 18 分、5 个篮板、3 次抢断，但是球队最终输给了丹佛掘金。

2007 年 11 月 16 日，超音速客场挑战亚特兰大老鹰。杜兰特在第二个加时赛投中了职业生涯的第一个压哨球——这个关键的三分球帮助他们客场带走了一场胜利。不要将目光局限在这个三分球上面，要知道杜兰特整场比赛得到了 21 分、3 个篮板、2 次助攻、3 次抢断和 3 个盖帽。

2007 年 11 月 30 日，杜兰特率领球队击败印第安纳步行者队，全场得到 35 分。由他主防的年度进步最快奖有力竞争者小邓利维全场 15 投 6 中，得到 14 分。

仅仅一周之后，12 月 7 日，杜兰特在击败雄鹿的比赛中同样得到 35 分，此外还有 8 个篮板和 5 个盖帽，对面的扣篮王戴斯蒙德·梅森 10 投 2 中，得到 6 分。

2008 年 1 月 29 日，球队主场迎战卫冕冠军马刺。杜兰特在比赛最后 34 秒时命中关

杜兰特身穿西雅图超音速球衣出战

键跳投，帮助球队结束 14 连败。

2008 年 4 月 6 日，在一场飙分大战中，超音速以 151 比 147 击败丹佛掘金，杜兰特独得 37 分、8 个篮板、9 次助攻、3 次抢断，遗憾地和职业生涯首次三双擦肩而过。数据不能显示的是，整场比赛杜兰特两次命中关键的三分球，帮助球队咬住比分，最终获得胜利。

终于，在 2008 年 4 月 16 日对阵金州勇士的赛季收官战中，杜兰特完成了自己职业生涯的首个两双——25 投 18 中，42 分、13 个篮板，此外还有 5 次助攻。

赛季结束后，他场均得到 20.3 分，在所有新秀中得分排名第一。除去得分以外，在那个赛季所参加的 80 场常规赛中，他助攻 192 次，罚球 448 次命中 391 球，罚球命中率 87.3%，场均出场 34.6 分钟，排名新秀第一。同时杜兰特还送出 78 次抢断，排名新秀第二，43% 的投篮命中率，场均 0.84 次封盖以及 59 记三分球命中都排在所有新秀中的第三位。

与此同时，他的得分、盖帽、抢断、罚球命中数和命中率在超音速队同样排名第一。他在 2008 年 11 月、12 月，2009 年 1 月、3 月、4 月均当选为月最佳新秀，而 20.3 分的场均得分也打破了由前超音速新秀鲍勃·鲁尔尘封了 40 年之久的队史新秀得分纪录。

作为一名新秀，整个赛季他的投篮命中率达到了 43%，场均 20.3 分。而新秀年的勒布朗·詹姆斯数据是 41.7% 和 20.9 分，卡梅隆·安东尼的是 42.6%，20.7 分。

这一年，杜兰特砍下 42 分，打破球队新秀赛季得分纪录，他绝杀过老鹰，但事实上，当你真正去观看每一场比赛的时候，你会发现这个家伙优缺点完全暴露。单季 1366 次出手，只有 43% 的命中率。

人们觉得，这个家伙只会投篮，他进入内线对抗的时候跌跌撞撞，站都站不稳。杜兰特在广大球迷的口中被称呼为“杜铁神”，因为他这个赛季的远投水平实在不够高明，他一个赛季出手了 205 次三分球，最终只命中了 59 个，命中率 28.8%。

在杜兰特的世界里，他觉得全世界的人都在嘲笑他，这使得他有时候很难集中注意力，每天晚上有联盟顶尖的防守球员盯防。那些艰难的晚上，比杜兰特大不了多少岁的超音速总经理不停地鼓励他，他身边不离不弃的依旧是家人、教练和朋友们。

有那么一个糟糕的夜晚，西雅图超音速在主场以 66 比 79 大败给火箭。当家球星杜兰特手感糟糕得可怕，17 投仅 2 中，只拿到 4 分的同时有 5 个篮板、4 次助攻和 3 次失误。

本场比赛的糟糕表现让杜兰特创下了几个赛季纪录——命中 2 球平了赛季命中最低次数纪录（2 月 9 日，对太阳 12 投 2 中）；4 分创职业生涯最低得分纪录（此前 6 分）；命中率最低纪录。同时这也是他自 2 月 9 日对太阳只拿到 9 分后，首次得分未上双。

在那场比赛中，他吃了偶像麦迪一个大帽，又在砍下 7 分、15 个篮板，梦幻脚步玩得飞舞的斯科拉面前晕头转向，黯然失色，要知道，这只是个来自阿根廷的 28 岁的白人老菜鸟。

无论如何，在 2008 年，作为最佳新秀的最有力竞争者，杜兰特的个人数据可谓完美，场均轰下 20.3 分同时还有 4.1 个篮板和 2.2 次助攻。怪不得超音速主教练为弟子拉票时，本钱如此之足。

“这个奖项根本不存在竞争，没有人能够威胁杜兰特，”卡列西莫说，“我只是希望强调，没有新秀能做到杜兰特目前能做到的事情，也没有新秀有机会做到他现在做到的事情。”

杜兰特最终获得了最佳新秀的称号，但是，当他拿到这个奖杯的时候他却怎么也开心不起来，这个日子也是他最爱的教练查尔斯·克雷格去世的日子——2005 年 4 月 30 日，一个杜兰特永远不能忘记的日子。

明眼人都能看得出来，西雅图手上攥着一颗稀世珍宝，只缺一点点时间把它打磨成和氏璧而已。但是还没有来得及品尝杜兰特成长的甜蜜，那年的西雅图超音速却似乎陷入了绝境，超音速的球迷不仅担心球队的发展，也在担心球队是否要搬迁至俄克拉荷马。

盖雷特财团的本内特先生要迁走这支传奇球队。超音速此刻内忧外患，一片混乱。

NBA

06

新生的雷霆

2008—2009

2004年，新奥尔良遭受飓风袭击，黄蜂队曾经迁居到俄克拉荷马暂住了一年。盖雷特家族看到了俄城已经具备拥有一支NBA球队的潜力，于是他们开始收购舒尔茨旗下的西雅图超音速，并最终将超音速迁到俄克拉荷马，更名为雷霆。

超音速的球迷陷入悲伤，而杜兰特也陷入迷茫，失去熟悉的环境，并且前途未卜，唯一的好消息也许就是，他可能会成为雷霆的“开国元勋”。

2008年9月3日早晨，俄克拉荷马的原超音速召开新闻发布会，宣布了自己的新队名——雷霆。这是西雅图球迷心中永远的痛，“超音速”这个名字成为了历史。

2008年10月，超音速的名宿——“手套”的加里·佩顿明确表示，坚决反对雷霆将他的退役球衣悬挂在俄克拉荷马城的球馆。而雷霆老板本内特则高调回应无所谓，因为雷霆队史的第一件退役球衣，是属于杜兰特的。

西雅图人失去超音速，回溯其历史可见端倪。2001年3月30日，“星巴克咖啡大王”霍华德·舒尔茨以2亿美元的价格买下超音速。2005年7月7日，超音速主帅内特·麦克米伦离队，球队成绩一落千丈。2006年2月1日，不到五年就亏损6000万美元，舒尔茨被迫宣布将出售球队。2006年7月18日，舒尔茨以3.5亿美元的价格将球队卖给了俄克拉荷马的商人本内特。

普雷斯蒂作为波波维奇麾下的马刺系精英，被任命为雷霆总经理。他慧眼识英才，选秀的本领更是独步联盟。自他上任后，雷霆的那一串选秀名单是何等闪亮：威斯布鲁克、哈登、伊巴卡、雷吉·杰克逊、亚当斯……这些都是出自这位年轻总经理的手笔。

雷霆起初的阵容，几乎是照着马刺的模板打造的，杜兰特和邓肯一样低调稳重，拥有统治力，威少是比帕

克攻击力更强的组织后卫，而得分后卫，他们选了和马努一样能组织能突破的哈登。波波维奇这一送，送出了一个强大无比的西部死对头。

不仅仅是普雷斯蒂，雷霆的总经理助理汉灵根原来是马刺的部门主管，就连雷霆的主教练布鲁克斯，他和现在老鹰主教练布登·霍尔泽一样，都曾是波波维奇招募的高中生，他迄今还保留着波波亲自写给他，签名过的招募信呢。

雷霆从一开始，就有着类似马刺的建队文化，小球市，大巨星，睿智而目光长远的管理层，还有万千无限忠诚的球迷。

07 KD

蜚声世界的低调巨星

2007—2011

2010 年 9 月 13 日，在土耳其世锦赛决赛上杜兰特全场 17 投 10 中，独得 28 分，最终率领美国队时隔 16 年又一次拿到冠军，他也当之无愧地当选为世锦赛 MVP。

在全部九场比赛中，杜兰特共得到 205 分，打破了美国球员世锦赛上的得分纪录，场均 22.8 分也让他成为美国队历史上的得分王。

杜兰特在之前刚刚帮助美国队在世锦赛中夺得金牌并拿到 MVP，但在随后的赛季休赛期，他便返回得克萨斯一个月，和他的前大学队友们一起训练上课。

杜兰特每天都要进行训练，然后去上课，去自习，累了会吃一些东西放松一下，然后回来继续训练。回到得克萨斯，自然要和之前的室友贾斯汀·梅森住一个公寓，每个夜晚，杜兰特都睡在狭窄客厅的气垫床上。

“我试图让他在客厅弄一张床，但是他告诉我，他不想去花那么多冤枉钱。”说这个话的是一个千万富翁，这并不是吝啬，而是节俭。

在和耐克签订球鞋合同之前，杜兰特曾经拒绝了阿迪达斯一份价值 7000 万美元的合约。对此杜兰特解释道只是更喜欢耐克罢了，穿上它们感觉非常舒服。

能与耐克签下合约让杜兰特感觉非常开心，这种开心不是来自财富的增加，不是来自任何的逻辑，只是来自一种直觉、一种勇气、一种天性。

杜兰特总是把钱花在更有价值的地方， 2009 年的夏天，他揣着一大笔钱回到了他成长的地方——老欢乐座椅休闲中心。杜兰特捐出了 25000 美元，为中心修建了一个巨大的游戏房，里面有一个 Xbox 360 游戏机，一台 55 寸的大电视，甚至还有为走丢了不知要去何处而在此过夜的孩子准备的豪华沙发。

因为他的梦在那里起航，还会有更多的孩子去爬他爬过的山，去投他投过的篮筐，去他最爱的那一块地板上挥汗如雨，眼睛里放着光，听教练吼叫“这是杜兰特战斗过的地方”，然后他们重温一个梦想，再造一个梦想。

USA
BASKETBALL
FIBA

THUNDER
35
HUNDER
22
THUN
25

第六章
雷神养成记

凯 文 · 杜 兰 特 传

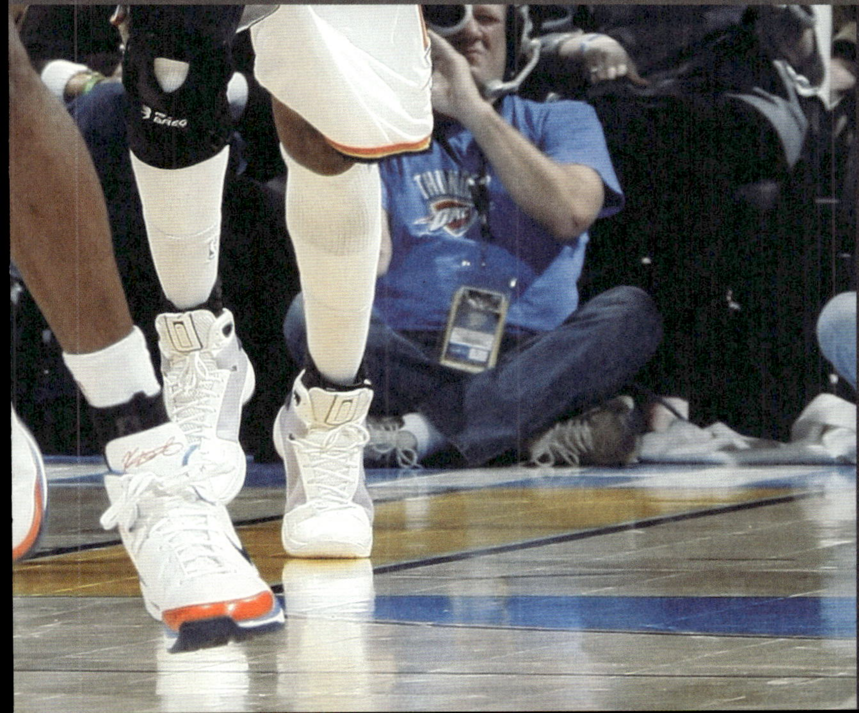

01 KD

喧嚣之城的篮球图腾

2009/2010

凯文·杜兰特一开始必然无法想象：他将如何与一个新的城市建立起血脉相连的信任，而这座城市如此陌生，他们百年的历史中甚至从未拥有过一支 NBA 球队，他们本土出产的最出色的篮球运动员居然是 2009 年的“状元秀”——布雷克·格里芬。

这位飞天遁地的狮兽如今已经是洛杉矶快船当仁不让的新核心，在西部，他还是杜兰特季后赛中的强劲对手。

在 NBA 联盟，人们习惯于塑造自己的城市英雄，就好比布鲁斯·韦恩之于他的哥谭市。人们会守护他爱戴他，更是希望他能够给平凡人的生命带来梦想般的光彩，这在现实中，只有通过不断的胜利和总冠军戒指来实现。

外人很难理解俄克拉荷马城人民对这支雷霆队独特的热爱，以及对杜兰特的情有独钟。他们从前或许并不看篮球，但从雷霆落户俄城之后，他们每个人都成了最死忠的 NBA 雷霆球迷。你们每个晚上可以在切萨皮克能源中心听到震耳欲聋的欢呼和噪声，他们身穿整齐划一的蓝白 T 恤，每一次杜兰特或者威少一条龙快攻的时候，所有老少爷们儿姑娘大妈都会如浪潮般站起来欢呼，直到他们一记暴扣把球砸进篮筐。

这不是繁华的洛杉矶，也不是纸醉金迷的纽约，这里没有灯火阑珊的夜色，也没有熙熙攘攘的名利诱惑，这是美利坚一个朴实粗犷的西南小城，只有着粗鲁而淳朴的西部人民。这是个雷暴和龙卷风的城市，也是个马蹄铁和啤酒的世界，这里的人们只是热血沸腾，简简单单爱着这项运动和他们的城市英雄。

无论杜兰特身处巅峰还是低谷，每一个赛季成功还是失败，他们都是他的死忠，从一开始就是，正如那个保安大叔所说：他就是我们的神，我们俄城所有孩子的榜样。

没用太久，他就已经享受到那些史上巨星的待遇，如拉塞尔之于波士顿，如乔丹之于芝加哥，如科比之于洛杉矶，如邓肯之于圣安东尼奥，如德克之于达拉斯，如韦德之于迈阿密。

凯文·杜兰特，已经是这座城市的图腾。

杜兰特刚来到俄克拉荷马城的第一个赛季，发生了一些趣事。一天早上他穿着球衣买吃的，一位大叔惊奇地问他：“咱们俄城居然也有球队？”这是俄克拉荷马城历史上的第一支 NBA 球队。

有一次杜兰特去一家餐厅吃饭，一个年轻火辣的姑娘走了过来，大模大样地坐在他身边问："我好像认识你，你是个大人物吧？"杜兰特红了脸，腼腆地说："也许吧。"

那姑娘大大方方跟他合影，然后从头到脚打量了杜兰特，笑着离开了，这就是美国大西南的俄克拉荷马！

俄克拉荷马城是俄克拉荷马州的首府，而俄克拉荷马州属温带大陆性气候，年平均气温 15.5℃，从西北向东南递增。四季分明，昼夜温差大。俄克拉荷马州一直给人以天气恶劣、不宜居住的印象，而这里的确以气象灾害频发闻名全美，洪水、干旱、地震、龙卷风、雷暴、滑坡和泥石流及沙尘天气等，不一而足。早在 20 世纪 30 年代，就因为频发的干旱和沙尘暴导致州内部分区域变成不毛之地。

俄州的主要自然灾害是强烈的暴风雨、冰雹和龙卷风。该州大部分地区位于龙卷风带，年均有 50 多次龙卷风发生，是世界上龙卷风频发地区之一。其中俄克拉荷马城平均每年发生龙卷风的场次为 101 次。该州还有"尘土盆"之称，夏天也是雷暴多发之地，"雷

霆”这个名字，就是由此而来。

俄克拉荷马城有一个别称——喧嚣之城。最初，这个称呼的来源是每年夏天接连不断的雷暴天气，而现在，这个称呼用来形容雷霆球迷。短短几年时间，切萨皮克能源球馆已经跻身为全联盟最吵闹的球馆，而雷霆的球迷也成为最聒噪、最疯狂的一个群体。从市长、美国大兵到墙上的海报甚至街边的内衣店，徜徉于俄克拉荷马城街头，不难感受到球迷们对这支球队的热情。

虽然建队历史只有短短5年，但雷霆的球迷们已经形成了一些让整个联盟都津津乐道的传统。由于雷霆球迷中大部分都是从橄榄球迷“叛逃”而来，所以在看球的过程中也保留了橄榄球观赛的习惯——起立看球直到雷霆得分之后再落座。

另外一个传统就是季后赛统一T恤，从2010年雷霆第一次打进季后赛对阵湖人开始，这个传统就已经形成了，当年那版“一同崛起（Rise Together）”的T恤，也成为不少雷霆球迷心中永恒的记忆。

虽然2010年雷霆首次闯入季后赛仅以2比4铩羽而归，但打那以后，雷霆再也没有缺席过季后赛，而季后赛T恤的传统也被保留了下来。或蓝或白或蓝白相间的整齐制服，是切萨皮克能源球馆季后赛的一道风景线。

与纽约、洛杉矶这些繁华的不夜之城不同，俄克拉荷马城是一座地地道道的“无夜之城”，晚上9点之后，这里几乎找不到一个还开门营业的餐厅。但在这里，仍然可以找到一些不错的地方厮混，而且是跟球员们一起厮混，比如位于闹市区东侧的“红砖小镇”，这里是俄克拉荷马城最大，或者说“唯一”的娱乐中心。

由于临近切萨皮克能源球馆，球员们赛后都会来这里放松放松，而在比赛日的时候，大量买不到票的球迷会涌到这里来一起观看比赛。

和灯红酒绿的大都会不同，这里在没有雷暴和比赛的日子里，一直都是安静的；和名胜古迹俯拾皆是的古城不同，这里的历史只是满目疮痍的废墟。

如果不是这支球队，俄克拉荷马城只是一座死气沉沉、前景黯淡的城市，因为一支红橙蓝相间、彩虹一样的球队，这座城市的天空亮了起来。秉承着雷霆“球队是一家（Team is One）”的理念，整个俄克拉荷马城，其实一直都蕴藏着浓浓的、温馨的、家的感觉。

相比于纽约鳞次栉比的高楼，俄克拉荷马城以低矮建筑为主，高层建筑不多，全市超过100米高的建筑只有6座，也是出于防范龙卷风的考虑。

即使拥有雷霆队这样一支 NBA 劲旅，俄克拉荷马州的第一运动依然是橄榄球，州内两所大学球队俄克拉荷马大学抢先队（OU Sooner）和俄克拉荷马州立大学牛仔队（Oklahoma State Cowboys）的关注度都在雷霆队之上。

按照本内特与西雅图的协议，搬迁到俄克拉荷马城的球队可以选择继承超音速的名称、队服和队徽，但如果有球队在将来迁往西雅图，本内特则需要将这一切无条件归还。

或许是因为担心这附加条款日后掣肘，或许本内特本就希望破旧立新，俄克拉荷马城最终选择了“雷霆”作为新球队的名称，同时，抛弃了超音速的墨绿土黄配色，选择了红橙蓝作为雷霆队的配色，因为蓝色是俄克拉荷马州的颜色，而红色和橙色则让人联想起俄克拉荷马州广袤平原上一抹壮丽的夕阳。

“雷霆”这一名称与俄克拉荷马州的自然气候息息相关，因为强对流天气影响，俄克拉荷马州经常遭遇雷暴天气，因此“雷霆”这一称谓能够体现出当地特色。超音速吉祥物史考熊的扮演者马克·泰勒成功下岗再就业，继续扮演雷霆吉祥物隆隆牛。

隆隆牛的原型是美洲野牛，这是俄克拉荷马州的代表性动物。在官方设定中，隆隆牛是一头离群的小野牛，在被雷暴劈中之后发生了基因突变，流落在俄克拉荷马城街头，被雷霆收留，成为守护他们的雷霆之神。

第七章 愈挫愈强

OKLAHOMA
CITY

01 新的教练

2008—2009

2008 年的那个夏天，杜兰特在训练馆挥汗如雨的时候，球队除了搬到俄克拉荷马，改名叫雷霆，管理层还做了几个重要的抉择，普雷斯蒂在选秀大会上玩出了近十年来最漂亮的大手笔，雷霆用 4 号签选择了来自 UCLA（加利福尼亚大学洛杉矶分校）的控卫拉塞尔·威斯布鲁克，并且用 24 号签选择了来自刚果，效力于西班牙联赛的大前锋塞尔吉·伊巴卡。

所有人都没想到，这两位新秀将在日后的联盟中掀起多大的波澜，也不会想到，他们会和杜兰特一起，成为这支球队最核心的力量，而这支球队也迎来了新未来。

2008 年 8 月中旬，杜兰特第二次入选美国国家队，但可惜的是，他在最后时刻（13 进 12）被“梦八队”裁掉，遗憾无缘轰轰烈烈的北京奥运会。不过这次挫折只是他 FIBA（国际篮球联合会）恢宏征战史上的一个小插曲。

2008 年 9 月 3 日，雷霆组建完成，除了杜兰特、杰夫·格林和尼克·科里森曾效力于超音速之外，其他球员均是新加盟雷霆。这个二年级生，居然成了球队的开国功臣。然而雷霆建队后的第一场比赛就遭遇败绩，10 月 9 日的一场无关紧要的季前赛，也是杜兰特代表雷霆参加的第一场比赛，他们以 82 比 88 输给森林狼，无缘开门红。

噩梦一般的开局就这么开始了，雷霆队史第一场常规赛，在主场以 87 比 98 负于雄鹿，杜兰特 14 投 5 中，仅得 12 分。在接下来的比赛中，虽然杜兰特 20 投 11 中，砍下 26 分，但雷霆仍以 77 比 89 不敌拥有姚明的火箭。11 月 3 日，杜兰特砍下 18 分助雷霆主场以 88 比 85 战胜森林狼，获得队史上第一场胜利，但此后雷霆却遭遇了漫长的 14 连败。

11 月 21 日，雷霆迎来了首次全美直播，这是一个万众瞩目的大日子，但他们并没有给球迷带来惊喜，在全美直播中以 80 比 105 惨败给黄蜂。

雷霆新赛季开局战绩仅为 1 胜 12 负，这是所有新生力量必须经历的阵痛，也是杜兰特必须过的湍流险滩。杜兰特必须做出改变，球队也必须做出改变。14 连败之后，当他们准备乘坐飞机奔赴客场比赛的时候，助教斯科特·布鲁克斯正要登上飞机，普雷斯蒂叫住了他：“斯科特，卡列西莫不会指挥本场比赛了，你要做好准备。”

这是一个仓促而大胆的决定，主教练 P.J. 卡列西莫被解雇，斯科特・布鲁克斯临危受命，代理雷霆主教练。沧海横流，方显英雄本色，布鲁克斯迅速从震惊中调整过来，这不仅是杜兰特的舞台，也是他的舞台。这个看起来文质彬彬、满脸书卷气的年轻助教，从此拿起了主教练的权杖，开始一展他和雷霆以及杜兰特共同的抱负。

布鲁克斯上任后的第一场比赛便做出重大改变，他让威尔金斯作为首发得分后卫，杜兰特改打小前锋。这一改变从根本上解放了杜兰特，使其不必在二号位上艰难地挣扎，每晚纠结于和小个子球员的缠斗，而他的身高臂展以及出类拔萃的运动能力，使得他在三号位上拥有无与伦比的优势，成为雷霆最凶猛的攻击火力，联盟几乎没有一个小前锋能够干扰到他的投篮，这便是“凯文福音”的开始。

布鲁克斯首次执教的那个夜晚，雷霆虽然再次不敌黄蜂，但整个球队看起来焕然一新，大家都表现出了前所未有的斗志和决心，精神面貌焕然一新。杜兰特 16 投 11 中，砍下 30 分，他像甩掉了千斤重担一般轻松惬意。

2008 年 11 月末， 拉塞尔・威斯布鲁克第一次作为首发控卫出场，这也是值得被雷霆历史铭记的一个晚上。这个出身 UCLA 名门的家伙像一头野蛮的公牛一般在球场上横

冲直撞，不可阻挡。他和杜兰特同时站在场上的时候，人们已经开始畅想这支球队的未来。杜兰特16投8中，狂砍30分，雷霆以111比103战胜灰熊，成功结束14连败。不过之后雷霆依旧一胜难求，杜兰特和他的球队依旧在寂寞地蛰伏。

12月30日，雷霆输给太阳后，战绩仅为3胜29负，以创下NBA历史上同期最差战绩的方式结束了2008年。连败只不过是布鲁克斯和“杜威组合”磨合期的阵痛，他们打磨出一整套适合他们的战术体系，将杜兰特的个人能力最大化。新的一年，杜兰特和这支球队已经悄然蜕变，准备一鸣惊人、一飞冲天。

2009年1月1日，新年新气象，杜兰特18投9中，砍下25分，带领雷霆以107比100力挫勇士结束连败，他们开始了一段截然不同的旅程。1月17日，继两天前以114比93大胜爵士后，杜兰特21投14中，砍下32分，率领雷霆以89比79战胜活塞，雷霆历史上第一次取得连胜。

2009年1月22日，雷霆与勇士展开苦战，两队在终场前杀得难解难分，最终杜兰特得到27分，威斯布鲁克轰下30分，而杰夫·格林终场前1秒压哨绝杀，雷霆以122比121战胜勇士取得了赛季第9胜，确保不会再遭历史最差战绩，同时，杜兰特、威斯布鲁克、格林的“雷霆三少”格局也初现雏形。

2008/2009赛季全明星赛前，杜兰特以场均24.8分在得分榜上高居联盟得分榜第六，但受到球队战绩影响，最终没有被选入全明星正赛。但他在当年的全明星新秀挑战赛上大放异彩，狂砍46分，率领二年级队逆转一年级队，毫无争议地荣膺MVP。46分的壮举也打破了2004年斯塔德迈尔创下的36分的新秀赛得分纪录。

全明星之后，雷霆遭遇了一场

艰苦的硬仗，杜兰特率队客场挑战黄蜂，他要面对当世第一控卫的克里斯·保罗。杜兰特27投16中砍下职业生涯最高的47分，可惜雷霆终场前2.7秒被保罗绝杀，以98比100遗憾告负，杜兰特也见识了这位强悍小个子身上的领袖气质。

2008/2009赛季很快过去了，最终总决赛是黄绿大战。老一代的英雄们壮心不已，牢牢把持着联盟的权杖和宝座，而杜兰特有的是时间。这一年，他和他的雷霆低开高走，他找到了适合自己的位置，领会教练的意图，从低谷挣扎出来看到了云天。

这一年，杜兰特遇到球场上最亲密的挚友和兄弟，他拥有了一个坚强的后盾和臂助；这一年，他还品尝到了伤病的滋味，他在对阵小牛的比赛中扭伤脚踝，缺席了接下来的8场比赛，这是他职业生涯中最严重的一次伤病，也是缺阵时间最长的一次。

在这个赛季最后一场常规赛中，雷霆以126比85大胜快船，杜兰特15投8中，轻松砍下26分。同时斯科特·布鲁克斯经历一个赛季的试用后正式成为雷霆的主教练。雷霆以23胜59负，西部排名第12的战绩结束了2008/2009赛季。虽然战绩惨淡，但雷霆3胜29负之后打出了20胜30负的战绩，已经预示情况有所不同。人们似乎已经看到了地平线的闪光，天边隆隆的轻雷暗滚。

这并不能算是一个成功的赛季，但他们似乎打破了扣在头上的盖子，让人看到了满眼的希望。赛季结束时，杜兰特在进步最快球员投票中排名第三，前两位分别是丹尼·格兰杰和德文·哈里斯。

02

疯狂的起点

雷霆的弱点在于内线，他们并没有一个强力的内线防守大闸，也没有一个能够给杜兰特做出合格掩护的大个子，尽管科里森兢兢业业，上扑下挡死死捍卫着禁区，但他的天赋和技巧实在不足以成为杜兰特背后的那座山。

其实在2008/2009赛季，雷霆曾经有过得到泰森·钱德勒的机会。他们在一笔交易中获得泰森·钱德勒，但由于钱德勒体检未通过，雷霆取消了对他的交易。而这位伤病缠身的流浪中锋，在一年后成了小牛夺冠的功臣，并且荣获2012年最佳防守球员。他们就是这般和钱德勒擦肩而过。

但失之东隅、收之桑榆，与钱德勒失之交臂，却迎来了一位更为年轻、更为健康的刚果巨人。2009年7月6日，雷霆于2008年第24顺位选中当时在西班牙联赛效力的赛尔吉·伊巴卡。伊巴卡正式来到俄克拉荷马能源中心报到，从此之后，雷霆才拥有了真正的内线良将。而在6月26日的选秀大会上，手握3号签的雷霆选中了詹姆斯·哈登。普雷斯蒂像一个赌场上的老千，瞬间集齐了杜兰特、哈登、威斯布鲁克和伊巴卡这些日后威名赫赫的花牌，雷霆重建的主力架构基本构建完毕，而西部的新老豪强们，还没有嗅到危险的气息。

2009年6月26日，美国国家队公布了夏天集训的名单，这是杜兰特第三次入选国家队。此次集训的主要目的是考察新球员，以便为2010年世锦赛和2012年奥运会做准备。由于杜兰特在国家队集训期间表现极为出色，受到主教练赏识，再加上科比、詹姆斯等球星不参加2010年世锦赛，杜兰特已经铁定入围“梦九队”，参加2010年土耳其世锦赛，并很有可能成为球队的领军人物。

9月初，杜兰特首次踏上中国领土，造访香港出席一个商业活动，与球迷们亲切互动。

THUNDER
35

中国球迷第一次近距离接触了这位冉冉升起的联盟新星，从此这位谦虚低调、平易近人的大男孩便在许多中国球迷心中扎下了根，因为他是如此的与众不同。

然而在赛季开始的时候，杜兰特再一次遭到了 NBA 专家的质疑，这一回专家通过杜兰特在场上贡献值为负数说明杜兰特在“谋杀球队”。一向谦逊的杜兰特却一反常态，对这番指责做出了空前强硬的回应，他公开声称：“我会一如既往，不会改变自己。”事实上，杜兰特用行动做出了完美的回答，在 2009/2010 赛季以后，杜兰特对球队的贡献值和效率值一直高居联盟前列。今天，任何一个体育评论员再也不会质疑他的进攻方式和领袖能力，因为这都不算什么，人们质疑过他瘦弱的身躯能否适应 NBA 的对抗，人们质疑过他的出手选择和第一个赛季的命中率，最终这些质疑一个接一个被击碎，烟消云散。他从小到大，都是顶着不屑和质疑一步一步走到今日的。

10 月 21 日，雷霆和马刺的季前赛在杜兰特的母校得克萨斯州大学的法兰克·欧文中心球馆进行，这是杜兰特进入 NBA 后首次重返母校的球场。杜兰特当天砍下 23 分、9 个篮板，表现不俗，但雷霆仍以 102 比 119 负于马刺。

赛季正式开始后，雷霆主场迎战国王，杜兰特砍下 25 分、11 个篮板，威斯布鲁克取得 14 分、13 次助攻，两人双双得到两双，格林和科斯蒂奇也均砍下 20+，“双子星”闪耀，“三少爷”逞威，雷霆最终以 102 比 89 大胜国王，取得开门红。接下来杜兰特 25 分助雷霆以 91 比 83 战胜活塞，雷霆以两连胜开局。这时候大家都开始发现，事情有所不同了。

但是谁都没有想到，这只是疯狂的起点，2009 年 12 月 23 日，杜兰特在对阵湖人的比赛中 19 投 11 中，砍下

CITY
35

30分，开始了他连续7场30+和连续29场25+的疯狂表现。连续7场30+创造了从超音速时代开始，球队历史上连续30+的纪录，而连续29场25+的表现更是NBA联盟第二长的连续25+纪录，仅次于乔丹的连续40场。但是别着急，奇迹还在后面。

12月25日，杜兰特在以105比89大胜篮网的比赛中拿下40分，赛季前30战共得到845分，成为继詹姆斯（2005/2006赛季、891分）和奥尼尔（1993/1994赛季、847分）之后，NBA历史上第三位在21岁时能够在赛季前30场比赛中至少拿下800分的球员。2010年1月5日，杜兰特职业生涯首次当选周最佳球员。这时候，雷霆已经不再是去年那个雷霆，而杜兰特也不再是那个文静低调的新秀了，他的目标不再是新生代的一流高手，而是那些金字塔顶端名垂青史的名字。

2010年新年初，喜讯传来，杜兰特入选全明星替补，将首次亮相全明星正赛。

在1月30日的比赛中，雷霆队以101比84战胜掘金，杜兰特发挥出色，19投12中，砍下30分，比赛中杜兰特跑掉了球鞋，但他奉献了一记惊世骇俗的“光脚盖帽”。雷霆从这场比赛开始，先后战胜勇士、老鹰、黄蜂、勇士、开拓者、小牛、尼克斯和森林狼，取得队史最长的9连胜。9连胜过后，雷霆战绩一度高居西部第四。

2010年的全明星新秀赛，已经三年级的杜兰特成为一年级队的教练，一年级队也战胜了二年级队。值得一提的是杜兰特的雷霆队友威斯布鲁克代表二年级队砍下40分，成为仅次于杜兰特46分的史上第二高新秀赛得分纪录，新秀赛史上第一第二高分，都是雷霆人。

而在全明星HORSE赛中，杜兰特战胜卡斯比和隆多，成功卫冕取得两连冠。由于此后全明星HORSE赛停办，杜兰特也成为全明星HORSE赛历史上第一位，也是最后一位，还是唯一一位冠军。杜兰特首次亮相全明星正赛，替补出场砍下了15分。

2010年2月21日，雷霆客场挑战尼克斯，这是杜兰特又一次面对自己儿时的偶像——特雷西・麦克格雷迪，此时的T-MAC已经不复当年之勇，开始步入职业生涯的余晖，他浑圆的体形和被伤病折磨良久的腰背已经不足以支持他那飘逸迅捷的动作。最终雷霆依靠杜兰特的三分球将比赛拖进加时，并在加时中以121比118取胜。杜兰特发挥出色，砍下36分，麦迪同样表现抢眼，砍下26分。这场比赛被视为麦迪和杜兰特之间的一次传承。两位修长飘逸的超级得分手，在落日和朝阳之间，互相致敬，交接了权杖。

2010年4月5日，杜兰特22投13中，狂砍40分，帮助雷霆以116比108战胜森林狼，雷霆取得本场胜利后获得西部最后一个季后赛席位，重建第三年就杀入季后赛。杜兰特凭借出色的发挥当选了2010年4月的“月最佳球员”，这是他职业生涯首次获得“月最佳”。

2009/2010赛季常规赛收官，雷霆击败灰熊，从而以50胜32负，西部第八的战绩杀入季后赛。杜兰特此战砍下31分，以场均30.1分成为2009/2010赛季的得分王。而杜兰特21岁197天的年龄更使其成为史上最年轻的得分王。

杜兰特职业生涯的第一场季后赛，便要面对如日中天的科比和上届冠军湖人，第一战杜兰特发挥平平，24投仅7中，雷霆以79比87不敌湖人。

季后赛首轮第二场，杜兰特砍下32分，但关键时刻出现失误，使雷霆以92比95再次负于湖人，总比分0比2落后。季后赛首轮第三场，杜兰特砍下29分率领雷霆队以101比96战胜湖人，取得了雷霆队历史第一场季后赛的胜利。此后双方各自赢下主场，比赛被拖入第六场。季后赛首轮第六场，杜兰特发挥欠佳，坐镇主场的雷霆终场前1秒被绝杀，以94比95负于湖人，总比分2比4被淘汰。

杜兰特的第一次季后赛之旅以输给当年冠军结束。这是一件光荣的事情，毕竟，那是科比最后的黄金时代。

无论对杜兰特还是雷霆来说，这都是一个轰轰烈烈的赛季，赛季结束后，杜兰特在进步最快球员的投票中名列第二，进步最快球员被火箭队的阿隆·布鲁克斯获得。

2010年5月6日，NBA最佳阵容公布，杜兰特以史上最年轻得分王的表现首次入选了第一阵容。杜兰特在2009/2010赛季MVP的投票中名列第二，仅次于勒布朗·詹姆斯，从此在MVP奖项上和这位联盟第一人开始了旷日持久的争夺。

6月，杜兰特来到中国内地，在一周的时间里造访了北京、成都和上海。他离中国球迷更近了。

03 KD

FIBA 大魔王

2010—2011

2010 年休赛期杜兰特与雷霆提前续约，签下了一份 5 年 8600 万美元的大合同，从 2011 年开始执行，直到 2016 年夏天。为表示对球队的感激，杜兰特主动放弃了 2015 年的球员选项，这意味着只要雷霆不将其交易，杜兰特至少会为雷霆效力到 2016 年。

7 月 16 日，杜兰特和队友格林、威斯布鲁克入选美国队（梦九队）。由于曾经参加 2008 年北京奥运会的“梦八队”大牌球星均缺席，杜兰特成为“梦九队”的头号球星，将率队征战 2010 年土耳其世锦赛。FIBA 赛场即将迎来一位史上罕见的得分大魔王。

“梦九队”在面对小组赛第一个对手克罗地亚时尚属轻松惬意，杜兰特举重若轻砍下 17 分，“梦九队”以 28 分的分差大胜克罗地亚。但他们遇到南美劲旅巴西队的时候，却被逼得捉襟见肘、险象环生，“梦九队”发挥失常，一度被巴西的团队进攻和内线高度所压制，上半场落后，最终依靠杜兰特 27 分、10 个篮板的高效表现才以 70 比 68 两分险胜。

这是美国队本届世锦赛上最为惊险的一场比赛。这番硬仗过后，美国队脱胎换骨，迎来三连胜，全部轻取对手，锁定小组第一。

在土耳其世锦赛 1/8 决赛中，杜兰特砍下 17 分，美国队以 121 比 66 的悬殊分差狂扫安哥拉，55 分也是本届世锦赛的最大分差。土耳其世锦赛 1/4 决赛，杜兰特砍下 33 分，率领美国队以 89 比 79 战胜俄罗斯队，顺利挺进四强。

杜兰特从这场开始发力，连续三场高分助球队获胜，成为美国队夺冠的首席功臣。他的身体天赋和技术特点使他成为 FIBA 赛场上绝无仅有的奇才怪杰，他拥有中锋的身高和后卫般的控球、投篮技巧以及超出常人的敏捷度。迅捷高效的进攻方式，使得对手对他防不胜防。

土耳其世锦赛半决赛，杜兰特发挥出色，砍下 38 分，率领美国队大胜立陶宛队，时隔 16 年再度闯进世锦赛决赛。而杜兰特的 38 分也打破了 2006 年世锦赛上安东尼创造的 35 分的纪录，成为美国队在世锦赛历史上的单场最高得分。

土耳其世锦赛决赛，杜兰特得到 28 分，率领美国队战胜土耳其队，16 年后重夺世锦赛冠军。杜兰特以优异的表现当之无愧地获得了世锦赛 MVP。美国队也因世锦赛冠军直接获得 2012 年伦敦奥运会的参赛资格。杜兰特凭借世锦赛几乎完美的表现锁定了两年后伦敦奥运会的参赛名额。

NBA 新赛季开赛后，杜兰特凭借世锦赛上带领美国队时隔 16 年重夺冠军的完美表现获得了“2010 年美国年度最佳运动员”的称号。

2010 年 12 月 26 日，雷霆首次登上圣诞大战的舞台，杜兰特打出惊人的 20 投 14 中，狂砍赛季最高的 44 分，仅前三节就砍下 40 分，率领雷霆以 114 比 106 逆转掘金。

12 月底，NBA 公布了全明星投票第二轮计票结果，杜兰特高居前锋位置榜首，将极有可能职业生涯第一次作为首发参加全明星正赛。2011 年 1 月初，杜兰特凭借着 12 月份场均 29.4 分的联盟最高分以及 51.7% 的命中率当选了 2010 年 12 月的“月最佳球员”，这是杜兰特职业生涯第二次获得这一荣誉。

2011 年 1 月底，在雷霆对阵尼克斯的比赛中，杜兰特在最后时刻三分球绝杀，率领雷霆以 101 比 98 战胜尼克斯。这是杜兰特职业生涯的第二次绝杀。而在雷霆以 118 比 117 险胜森林狼的比赛中，杜兰特打出 47+18 的大号两双。47 分平了杜兰特职业生涯最高分，而 18 个篮板更是创下职业生涯的最高篮板数。

然而就在全明星赛前夕，杜兰特发出一条惊天动地的微博，声称“要喝斯嘉丽·约翰逊的洗澡水”，这句名言被媒体和球迷疯狂转载和评论，直到今日球迷们还在津津乐道“洗澡水”的典故。其实这并不是杜兰特真的要喝洗澡水，只是美国俚语中表达喜欢的方式。其真实意思是“斯嘉丽·约翰逊，我是你最痴迷最狂热的粉丝”。

2011 年全明星票选，杜兰特在西部小前锋中高居榜首，首次以首发的身份入选全明星正赛。杜兰特兴奋地表示自己的梦想终于实现，并感谢了球迷的投票。除了将首发参加全明星正赛以外，杜兰特还将参加全明星的三分球大赛。在全明星三分球大赛中杜兰特发挥严重失常，仅得 6 分，在所有参赛选手中垫底出局，还险些打破乔丹 5 分的最低纪录。

但杜兰特毕竟是杜兰特，HORSE 大赛停办了，他居然又找到了新的乐子，NBA 全明星周末找来了吉尼斯世界纪录的工作人员，试图让全明星们创造新的世界纪录。今年 NBA 想出的主意是“60 秒内两人携手投入三分球数量的纪录”，游戏规则是，两人站在三分线外的固定点上投篮。其中一位投入三分球之后，另一位才允许出手，如此交替往复，计算 60 秒内两人总共投入三分球的数据。

皮尔斯和阿伦两位老哥们心有灵犀，两人携手竟然在 60 秒内投入了 13 个三分球！吉尼斯世界纪录的工作人员立即为两人颁发了“世界纪录”的奖状，两人笑逐颜开，合力捧起奖状并合影留念。不料好事多磨，小牛球星德克·诺维茨基和雷霆新星凯文·杜兰特在场边看到了皮尔斯、阿伦获奖之后，表示相当不服。两者立即登台，要求挑战刚刚创立的“世界纪录”。令人诧异的是，平常没有在一起合练过的诺维茨基和杜兰特竟然在 60 秒内携手投入了 15 个三分球！这样一来，皮尔斯和阿伦刚刚到手的奖状，90 秒之后就不翼而飞，来到了诺维茨基和杜兰特的手中。杜兰特和诺维茨基相视一笑，英雄惜英雄，可他们却没有想到，两位老少得分大杀器会在西部决赛中兵戎相见。

2011 年全明星正赛，杜兰特发挥出色，砍下 34 分，并在最后时刻连续砍分，助西部以 148 比 143 取得胜利。但全明星 MVP 授予坐镇主场并砍下 37 分的科比。

雷霆在 3 月取得了 14 胜 2 负的佳绩，并先后取得三连胜、六连胜、五连胜。雷霆也依靠 3 月的疯狂表现杀进西部前四，并一举锁定季后赛席位。2011 年 3 月 17 日，雷霆客场挑战热火，杜兰特全场贡献 29 分、7 个篮板、6 次助攻，率领雷霆以 96 比 85 战胜热火，在职业生涯对阵詹姆斯六连败之后终于第一次取得对阵詹姆斯的胜利。

杜兰特携手詹姆斯当选 2011 年 4 月东西部最佳球员，这是杜兰特职业生涯第三次当选“月最佳球员”。最终杜兰特率领雷霆，以 55 胜 27 负，西部第四，西北赛区冠军的成绩第二次进入季后赛，并获得了季后赛首轮的主场优势。杜兰特也以场均 27.7 分卫冕得分王。

2011 年 4 月 21 日，杜兰特以其非凡的场上能力以及对待媒体谦虚低调的态度被评选为“最具媒体口碑的球员”，被授予“魔术师”约翰逊奖。

2010/2011 赛季的季后赛是个神奇的过程，马刺遭遇“黑八”，湖人在辉煌过后，瞬间坍塌在小牛的三分雨下，而从不被看好的小牛，却靠着诺天王最后的巅峰狂舞和一干老将的壮怀激烈，接连完成不可能的任务，让专家和评论员们惊掉了眼镜。

杜兰特率领雷霆大比分 4 比 1 击败掘金，晋级第二轮。这是雷霆队历史取得的第一个系列赛胜利，第一次进入季后赛第二轮。

而西部半决赛，他们面对刚刚完成“黑八奇迹”的孟菲斯灰熊，这是一支坚忍顽强、内线优势明显、防守极其强悍的球队。灰熊防不住杜兰特和威少的外线进攻，但雷霆也

无力阻止灰熊内线的疯狂肆虐。整个系列赛比分犬牙交错，过程惊心动魄。

第一场比赛，坐镇主场的雷霆没能抵挡住灰熊的内线攻势，虽然杜兰特砍下 33 分，但雷霆仍以 101 比 114 不敌灰熊，系列赛 0 比 1 落后，并丢掉了主场优势。西部半决赛第二场，雷霆以 111 比 102 战胜灰熊，将总比分扳为 1 比 1 平。

随后的第三场在灰熊主场，雷霆再次以 93 比 101 负于灰熊，总比分 1 比 2 落后。西部半决赛第四场，是这个系列赛拼杀得最惨烈的一场，此前 1 比 2 落后的雷霆客场作战，全场受到压制，在落后的情况下由杜兰特和威斯布鲁克先后三次将比赛拖入加时。最终在第三个加时中，雷霆一鼓作气，以 133 比 123 赢下灰熊，将总比分扳为 2 比 2 平，并重新夺回主场优势。

此后双方各自赢下主场，比赛被拖入抢七。生死之战中，杜兰特发挥出色，25 投 13 中砍下 39 分，率领雷霆以 105 比 90 战胜灰熊，从而以 4 比 3 淘汰灰熊，历史性地挺进西部决赛。

西部决赛中，杜兰特碰上了 NBA 历史上伟大的个人秀之一——德克·诺维茨基狂飙巨浪一般的个人进攻，以及史上最强大的小牛，这群老男孩的决心无可阻挡。杜兰特和他的雷霆尽管在很多情况下处在优势地位，但杀神附体的德克总能神奇地在比赛的最后时刻抹平比分，包括那场季后赛单场 48 分的狂飙，金鸡独立后仰跳投成了雷霆所有防守者的噩梦。

4 比 1，小牛进军总决赛，第二次杀入季后赛的雷霆，最终成为小牛那段“老兵传奇”的注脚。而小牛则再接再厉，在总决赛中战胜热火，最终夺冠。虽然杜兰特和雷霆没能再前进一步，但雷霆重建仅四年，第二次季后赛就打进西部决赛已经创造了历史。

NBA 公布了 2010/2011 赛季的最佳阵容，杜兰特凭借出色的表现再次入选第一阵容，这是他连续两年进入第一阵容。

第八章

不甘人后

01

缩水赛季

2011—2012

2011 年夏天，由于旧的劳资协议到期，劳资双方的谈判存在巨大分歧，没有达成协议，NBA 正式陷入停摆。8 月，杜兰特再次来到中国，在一周的时间内先后造访了广州、武汉和天津三座城市。

由于雷霆打进西部决赛，这让更多的人认识并喜欢上杜兰特，杜兰特在中国受到了热烈的欢迎。尤其是在武汉，还和刚刚获得亚洲第一个大满贯的李娜同台竞技。

在这个漫长的休赛季中，杜兰特除了继续保持刻苦的训练，也过了一把好莱坞艺人的瘾，他高调进军影视圈，与华纳兄弟公司签约，将为华纳兄弟公司拍摄一部篮球励志题材的电影——《雷霆万钧》。

除了拍电影，精力旺盛的年轻巨星还兴致勃勃地回到了街球场，重温当年的岁月。杜兰特携手詹姆斯、保罗、安东尼等球星参加了一场有着“SF 圣战”之称的慈善赛，最终杜兰特率领的古德曼联盟以 141 比 149 不敌詹姆斯、安东尼和保罗率领的梅洛联盟，但杜兰特手感极佳，独砍 59 分闪耀全场。

上赛季雷霆在西部决赛中不敌小牛让威斯布鲁克饱受质疑，而他与杜兰特不和的传闻也被媒体炒得火热。但杜兰特在接受采访时明确表示自己和威斯布鲁克非常适合，不存在任何问题。“我们都是非常好胜的球员，特别是我和他，我们每天都在享受训练的过程，我们都希望让对方变得更好。我们有时会出现分歧，而这是所有优秀球队的优秀球员都会碰到的事情。”

2011 年 11 月 26 日，劳资双方在经过长达 15 小时的谈判后终于宣布达成协议，结束了持续时间达 149 天的漫长停摆。假如一切顺利，新赛季将会在美国时间 12 月 25 日正式拉开帷幕。在推迟了两个月后，NBA 终于重新开赛，2011/2012 赛季不得不成为又一个缩水赛季，仅有 66 场常规赛。

雷霆的第一场常规赛被安排在圣诞夜，与魔术展开又一个圣诞大战。杜兰特发挥出色，全场 19 投 11 中，砍下 30 分，率领雷霆队以 97 比 89 战胜魔术，取得开门红。2011 年的最后一场比赛，雷霆与上赛季将自己淘汰出局的小牛狭路相逢。直至终场前 1.4 秒，雷霆仍以 101 比 102 落后，在最后 1.4 秒，杜兰特果断出手三分球命中，绝杀小牛，这是杜兰特职业生涯中献出的第三次绝杀。本场比赛杜兰特砍下 30 分，开局连续四场砍下 30+ 的分数。常规赛第五场，杜兰特发挥不佳，仅入账 12 分，但雷霆仍以 107 比 97 战胜太阳，取得了一个五战全胜的完美开局。4 月，杜兰特再度与詹姆斯分享了 2011 年 12 月最佳球员，这是杜兰特职业生涯第四次获得“月最佳球员”的荣誉。

2012 年 2 月 20 日，这场比赛是雷霆历史上最激动人心的一场比赛。雷霆经过加时以 124 比 118 战胜掘金，杜兰特狂砍 51 分，打破了保持三年之久的 47 分的得分纪录，职业生涯首次拿到 50+。此外威斯布鲁克也砍下 40 分，伊巴卡更是拿下三双。雷霆三人在同一场比赛中砍下 50+、40+、三双的数据，创造了 NBA 前所未有的历史。

全明星票选中，杜兰特得票依然高居西部小前锋位置的第一名，蝉联全明星首发。队友威斯布鲁克也进入全明星替补阵容。全明星三分球大赛中，上届比赛发挥失常垫底出局的杜兰特卷土重来，在预赛砍下 20 分，顺利进入决赛。

决赛中杜兰特和乐福同为 16 分，两人进行加赛。加赛中乐福 17 比 14 战胜杜兰特，杜兰特遗憾地与全明星三分球赛冠军擦肩而过。全明星正赛上，杜兰特发挥出色狂砍 36 分 7 个篮板，率领西部以 152 比 149 战胜东部，杜兰特也因赛场上的精彩表现首次获得全明星 MVP 这一殊荣。

PLAYER
MOST VALUA
WEST
35
ALLSTAR
NBA

OKLAHOMA
CITY
35

35
DURANT

2012年5月25日，NBA公布了2011/2012赛季的最佳阵容，杜兰特再次入选第一阵容，这是他连续三年入选常规赛最佳阵容的第一阵容。

3月，雷霆在10天之内两次与热火交手，被看作总决赛的预演，受到许多关注。3月26日在雷霆主场第一次交手，杜兰特发挥出色砍下28分，率领雷霆以96比85战胜热火。4月5日在热火主场第二次交手，虽然杜兰特仍然发挥出色砍下30分，但热火“三巨头”集体发威，以98比93战胜雷霆。双方在常规赛阶段1比1战平，事实上，这就是总决赛的预演。这一年，杜兰特在MVP评选中再次获得第二名，詹姆斯获得自己的第三个MVP。

常规赛最后一场，杜兰特23投12中，砍下32分，率领雷霆战胜掘金，从而以49胜17负，西部第二的战绩连续第三年杀入季后赛。杜兰特凭借最后一场的32分力压科比和詹姆斯，再次蝉联得分王。杜兰特从2009/2010赛季开始已经连续三年拿下得分王。

季后赛首轮第一场，雷霆再次与小牛和德克·诺维茨基狭路相逢。由于库班打散了冠军队伍的原班人马，而“诺天王”的健康状况也急剧下降，一年之内，胜负之势已然逆转。此时的雷霆和杜兰特在西部根本无人可敌，年轻和天赋统治了一切。他们以4比0将上届冠军横扫出局。时隔仅仅一年，雷霆便完成了快意复仇，昂首挺进第二轮。接下来，他们又在第二轮中4比1淘汰了两年前的劲敌洛杉矶湖人，以季后赛8胜1负的战绩挺进西部决赛，面对西部第一的老师傅圣安东尼奥马刺。此刻马刺先后横扫了爵士和快船，以8胜0负的更好战绩等待着年轻的雷霆。

西部决赛第一场，杜兰特砍下27分、10个篮板的两双，雷霆与马刺激烈争夺到最后时刻，最终雷霆以98比101惜败，系列赛以0比1落后。西部决赛第二场，尽管杜兰特17投10中，砍下31分，但雷霆还是未能适应马刺的防守，以111比120告负，系列赛以0比2落后，晋级形势不容乐观，全世界

都在为马刺美妙的团队进攻叫好。但“雷霆三少”自此重燃斗志，用个人进攻和强硬的防守攻击马刺的软肋，完成了4比2的惊天大翻盘。

总决赛上，全世界终于可以有幸目睹杜兰特和詹姆斯的巅峰对决了，总决赛第一场，杜兰特以20投12中，砍下36分的精彩表现率领雷霆以105比94战胜热火，取得总决赛的第一场胜利，以总比分1比0领先。

第二场，虽然杜兰特32分的表现依然出众，但雷霆在主场以96比100被热火逆转，总比分被扳为1比1平，丧失了总决赛的主场优势。第三场移师热火主场，雷霆以85比91告负，以总比分1比2落后。

第四场，威斯布鲁克以惊人的发挥狂砍43分，杜兰特也有28分入账。但年轻的雷霆在最后未能抵挡住热火的反扑，以98比104再次告负，总比分1比3落后。最后一战，虽然杜兰特砍下32分、11个篮板的两双，但经验不足的雷霆仍以106比121负于热火，从而以总比分1比4无缘总冠军。

OKLAHOMA
CITY
35
HEAT
6

02

西部第一

2012—2013

2012 年夏天，杜兰特和罗斯、格里芬一起登上了《NBA 2K13》的封面，这是他第一次登上顶级篮球杂志的封面，杜兰特坦言梦想成真，因为他从小就是个游戏迷，握住手柄就根本停不下来，但是技术一般，打输了游戏之后往往恼羞成怒，把手柄摔出窗外。

9 月，美国队公布最终的 12 人名单，杜兰特再次入选“梦十队”，队友威斯布鲁克和哈登也一同入选，代表美国国家队征战伦敦奥运会。杜兰特又开始了他在国际赛场的叱咤风云之旅。

小组赛第一场，美国队迎战首个对手法国队。杜兰特奥运首秀表现抢眼，砍下全场最高的 22 分外加 9 个篮板，率领美国队以 98 比 71 战胜法国队取得开门红。

小组赛第二场，美国队对阵突尼斯，杜兰特拿到 13 分、10 个篮板的两双数据，助美国队以 110 比 63 轻取突尼斯。此后他们又轻松战胜了尼日利亚队，杜兰特砍下 14 分、6 次助攻，接下来“梦十队”将迎战立陶宛和阿根廷两个强大的对手。

在和立陶宛的比赛中，“梦十队”下半场两度落后，最终才以 99 比 94 险胜立陶宛。杜兰特全场拿下 16 分、4 个篮板、2 次助攻，并两度投中关键球助美国队取胜。8 月 7 日，美国队在小组赛最后一战中凭借着第三节 42 比 17 的高潮以 126 比 97 大胜阿根廷队，以五战全胜的成绩小组第一出线。杜兰特本场比赛狂砍 28 分、4 个篮板、4 次助攻和 3 次抢断，其中三分球 10 投 8 中，彰显极佳的状态。

“梦十队”1/4 决赛的对手是澳大利亚队。1/4 决赛中，美国队凭借第四节的发力以 119 比 86 大胜对手晋级四强。杜兰特本场表现一般，但仍然砍下 14 分、

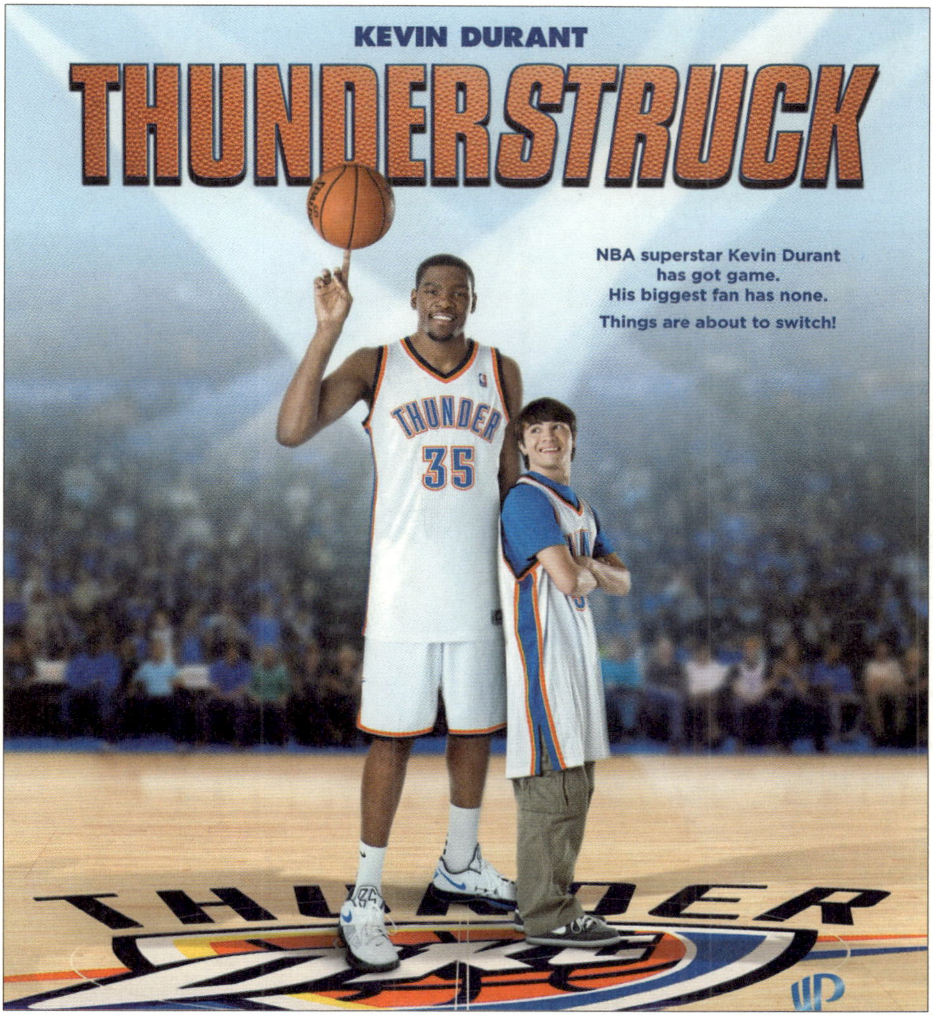

5 个篮板。

伦敦奥运会半决赛，美国再次与阿根廷狭路相逢。杜兰特三分球 10 投 5 中，砍下全场最高的 19 分，助美国队以 109 比 83 再次取得大胜，昂首挺进伦敦奥运会决赛。

伦敦奥运会决赛，美国对阵西班牙，杜兰特发挥出色，单节 12 分，全场狂砍 30 分、9 个篮板，打破了美国队历史上单届最高得分纪录以及场均得分纪录，率领美国队以 107 比 100 战胜西班牙，为美国代表团夺得一枚奥运金牌。这也是杜兰特首获奥运冠军，弥补了 4 年前北京奥运会被裁掉的遗憾。

8 月中，是奥运会如火如荼的季节，杜兰特主演的电影《雷霆万钧》发布了 9 分钟的宣传片，杜兰特的母亲以及 WNBA 著名球星坎迪斯·帕克也将友情客串，吸引了众多球迷的关注。8 月 20 日，《雷霆万钧》正式上映，杜兰特出席了电影的首映礼。

2012 年 8 月 27 日， 杜兰特第四次来到中国，分别造访了上海、西安和香港。在上海还组织了一场小型的球迷见面会，回答了许多球迷的问题，并和球迷分享了自己打篮球的经验和体会。10 月，杜兰特获俄克拉荷马城市政厅批准，将在俄城的布里克顿地区开一座风格独特的餐厅。他希望餐厅能成为俄城的地标性建筑，并于 11 月 1 日参加了餐厅的奠基仪式。

10 月末，“雷霆三少”缺了一角，雷霆将哈登交易到火箭，换来了马丁、兰姆、塔比特等人。刚刚形成的杜兰特、威斯布鲁克和哈登的“雷霆三巨头”格局被瓦解。杜兰特对哈登的交易表示极大的震惊，甚至在一年以后仍然对哈登被交易感到心痛。

11 月新赛季正式打响后，雷霆揭幕战面对马刺，刚刚失去哈登的雷霆尚处在磨合阶段，虽然拼尽全力，但帕克在最后时刻贡献绝杀，雷霆最终以 84 比 86 惜败马刺，无缘开门红。本场比赛杜兰特 18 投 9 中，贡献 23 分，职业生涯总得分达到了 10000 分，成为史上第二年轻的 10000 分先生。只可惜比赛的失利让杜兰特的里程碑变成了里程“悲”。

12 月，杜兰特凭借稳健的表现再度与詹姆斯一起被评选为当月的“月最佳球员”，这是杜兰特第五次获得“月最佳球员”的荣誉。12 月 20 日，杜兰特 23 投 14 中，狂砍 41 分助雷霆以 100 比 92 战胜老鹰，取得队史最长的 12 连胜。雷霆在这一波 12 连胜中先后战胜了 76 人、篮网、湖人、步行者和马刺等劲旅，成功登顶联盟第一。

2013 年 1 月 3 日，雷霆迎战篮网，在最后五分钟两队战平，但此后雷霆突然失去火力，最终以 93 比 110 惨败。杜兰特在比赛中连续吃到两次技术犯规，职业生涯第一次被驱逐出场。这事麻烦大了，杜兰特在场上吃 T（犯规）过多被外祖母芭芭拉·戴维斯警告：别在场上骂骂咧咧的。杜兰特表示会收敛自己的脾气。

1 月 19 日，杜兰特在雷霆加时战胜小牛的比赛中砍下 52 分，再创职业生涯得分新高。而在西部榜首之战中，杜兰特在开场 6 投 1 中后手感爆发，之后 13 投 11 中，全场砍下 32 分，率领雷霆以 109 比 97 战胜快船，登顶西部榜首。

2 月，雷霆主场迎战热火，首节即陷入被动，被热火拉开 10 分以上的差距。虽然雷霆后程发力苦苦追赶，仍以 100 比 110 不敌热火，遭遇对热火的六连败。杜兰特砍下 40 分、8 个篮板、5 次助攻，第四节更是单节砍下 22 分，但仍未能逆转成功。

2013 年全明星票选结果揭晓，杜兰特在前锋位置得票高居西部榜首，从而连续三年入选全明星首发。全明星正赛中，杜兰特 24 投 13 中，砍下全场最高的 30 分，帮助西

OKLAHOMA
CITY
35

部全明星以 148 比 143 战胜东部全明星。杜兰特参加四届全明星正赛分别砍下 15 分、34 分、36 分和 30 分，成为全明星历史上第一个连续三届砍下 30+ 的球员，并以四届总得分 115 分的成绩打破了四届全明星总得分的历史纪录。

4 月，杜兰特和安东尼的得分王之争进入白热化，在两人的直接对话中，安东尼砍下 36 分，杜兰特砍下 27 分。尼克斯以 125 比 120 战胜雷霆的同时，得分王也正式易主。安东尼成功从杜兰特手中抢到得分王头衔，极有可能职业生涯第一次荣获“得分王”称号。

常规赛收官战，杜兰特休战。最终雷霆以 104 比 95 战胜国王，以 60 胜 22 负的战绩登顶西部第一。虽然杜兰特未能第四次加冕得分王，但他在 2012/2013 赛季投篮命中率为 51%，三分球命中率为 41.6%，罚球命中率为 90.6%，成为历史上第六位“180 俱乐部”（投篮 50%+ 三分球 40%+ 罚球 90%）成员。

季后赛首轮，杜兰特率雷霆以 4 比 2 淘汰火箭，却在第二场比赛中损失了最得力的臂助拉塞尔·威斯布鲁克。雷霆宣布威斯布鲁克半月板撕裂需要进行手术，这意味着威斯布鲁克赛季报销，仅剩杜兰特一人支撑的雷霆基本丧失夺冠希望。

在西部半决赛中，杜兰特失去了最好的火力支援，尽管天神附体一般击败了火箭，但他的负担无比沉重，疲态已现。

西部半决赛第一场，杜兰特发挥神勇砍下 35 分、15 个篮板、6 次助攻，并在最后时刻投准绝杀，雷霆以 93 比 91 战胜灰熊，取得了 1 比 0 的领先。西部半决赛第二场，杜兰特继续发挥出色，21 投 11 中，拿下 36 分、11 个篮板和 9 次助攻的准三双。但关键时刻出现致命失误让雷霆以 93 比 99 告负，总比分被扳为 1 比 1，丢掉了主场优势。

西部半决赛第三场，杜兰特拿下 25 分、11 个篮板，连续三场比赛拿到两双。但关键时刻罕见地出现两罚不中，雷霆以 81 比 87 再负灰熊，总比分 1 比 2 落后。更加令人担忧的是，缺乏队友有效支援的杜兰特明显独木难支，打到最后时刻逐渐体力不支。西部半决赛第四场，尽管杜兰特投中关键一球将比赛拖进加时，但加时赛雷霆最终以 97 比 103 告负。西部半决赛第五场，杜兰特手感不佳，虽然坐镇主场，但失去威斯布鲁克的雷霆全场被灰熊压制，拼尽全力以 84 比 88 告负，从而以总比分 1 比 4 被灰熊淘汰出局，止步西部半决赛，灰熊复仇成功，雷霆的 2012/2013 赛季到此结束。本赛季雷霆常规赛登顶西部第一，但内线的软肋制约了雷霆的发挥，而威斯布鲁克的意外受伤使得雷霆的冲冠之旅在第二轮就戛然而止。

2013 年杜兰特第三次在 MVP 评选的投票中获得第二名，MVP 再次被詹姆斯获得。杜兰特连续四年入围第一阵容。杜兰特接受《体育画报》采访的时候曾这样说过："我这一生中一直都是第二，高中的时候我是全美第二好的球员，选秀的时候我是二号秀，MVP 投票中我三次都是第二名，总决赛里我还是第二。我已经受够了当第二的日子，我不会以第二为目标，我受够了。"

"詹姆斯，他是一个难以置信的、让人惊讶的家伙，他在四年内三次夺得了 MVP。他是我的挚友，我很替他高兴。"杜兰特说，"当然，我也很渴望能获得 MVP，但我现在能做的就是不断进步，希望自己能尽快获得一座 MVP 奖杯。"

03 MVP

2013—2014

2013年夏天，杜兰特的恋情终于曝光，杜兰特正与效力于WNBA明尼苏达山猫的莫妮卡·怀特热恋。两人在高中时期便已认识，那是在麦当劳高中全明星赛上的浪漫故事。

5月，俄克拉荷马州遭遇龙卷风袭击损失惨重，杜兰特第一时间在推特上为受害者祈福，并向灾区捐款100万美元。而威斯布鲁克更是拄拐前往灾区探望。

6月，杜兰特正式与说唱天王Jay-Z旗下的经纪公司签约，成为Jay-Z旗下的第一位篮球巨星。

7月，杜兰特再一次来到中国，访问了上海、沈阳和台北，与球迷进行了热烈的互动。在上海不仅再次举办了小型球迷见面会，还继2011年武汉以后再次与李娜同场竞技。据美国NBA新闻网站报道，截至2013年7月，杜兰特共有63份商业赞助合同，超过科比和詹姆斯，居NBA球员榜首。

在经历了休赛期一系列的商业活动之后，2013年9月29日，杜兰特迎来了他的25岁生日。这是他进入NBA的第七个赛季，他该为新的人生、新的目标做准备了。但这个赛季，一切都不容易，虽然亚当斯、杰克逊和兰姆渐渐成长起来，但威斯布鲁克还没有从膝盖的伤病中复原，杜兰特依旧要像从前一样，扛起所有的担子，首发控球后卫不在，他甚至要试着向詹姆斯学习，做一点组织前锋的事情。

毕竟，他是一个纯粹的得分手，得分、组织、篮板和防守一把抓的事情，他还是第一次去尝试。但我们在2012/2013赛季就可以看出端倪，杜兰特已经开始展现“全能”的潜质了，场均得到28.1分、7.9个篮板、4.6次助攻、1.3次封盖、1.4次抢断这种事情，看上去就很像是詹姆斯的手笔。

2013/2014赛季，常规赛第一战，对阵犹他爵士，没有威少，杜兰特狂砍42分，罚了24个球，以101比98艰难取胜，结果还没来得及喘口气，

THUNDER
35
ONE

便在第二战中以81比100惨败给森林狼。按捺不住的威斯布鲁克在第三战中就匆忙复出，看得出他要为杜兰特分担压力的迫切心情，然而几周前他刚刚完成二次手术，膝盖内的积水还没有抽干净，然后我们看到他在赛场上像钢铁战士一样一条龙战斧劈扣。

2013年12月26日，圣诞大战，雷霆送给尼克斯史上最惨的以123比94主场大败，威少轰出14分、13个篮板、10次助攻的三双数据，然而好事多磨，赛后，威少膝盖又出了问题，他进行了第三次手术，直到全明星赛后才复出。

2014年新年之后，整个NBA都成了杜兰特一个人的独舞。年初没有多少人看好雷霆，ESPN的专家甚至预言雷霆的战绩由于威少的受伤会滑落到西部第五，事实上，雷霆一直未曾掉出西部前二。1月份，杜兰特54分大胜勇士，屠杀开拓者，连续三分球逆转森林狼，绝杀老鹰，逆转热火。

不仅如此，杜兰特连续25+的纪录一直延续，威少的受伤，反而激发了他作为领袖的责任感和成长潜力。1月23日，雷霆以111比105战胜西部第一的马刺，杜兰特连续9场30+，最后时刻杜兰特的三分雨，看得波波维奇喟然慨叹、徒呼奈何。而在此后战胜76人的比赛中，杜兰特已经连续10场30+，威少在场边穿着西服看得喜笑颜开。

在威少缺阵的33场比赛里面，杜兰特场均33.2分、7.2个篮板、6.3次助攻，24胜9负，胜率高达73%，这是高居全联盟第二的胜率！其中包括1月的一波十连胜！

杜兰特更是打出了职业生涯最精彩的疯狂1月，整月的数据是35.9分、6.1个篮板、6.1次助攻，12胜4负，投篮命中率54.9%，成为后乔丹时代第一个打出单月场均35分、6个篮板、6次助攻的超级巨星。但这远远不是终点。

2月21日，钢铁铸造的威少伤愈归来，却遇上了有备而来的詹姆斯和迈阿密热火。詹姆斯拿出了全部能力和杜兰特较量，他大开大阖冲击内线，手感也好得惊人，本场比赛的詹姆斯，无论内外线都无法限制。最精彩的一幕，莫过于詹姆斯左侧45度直面杜兰特，一个小幅后撤步晃出空间，后仰三分球命中，而几天前的全明星周末，同一个位置，杜兰特两个大幅体前变向，晃飞詹姆斯，潇洒三分球飙中。这一场比赛的詹姆斯，就是冲着杜兰特来的。

因为杜兰特1月的超神表现，NBA官方最新推出的MVP实力榜上，杜兰特的名字被排在了首位。诸如欧文、约什·史密斯等球员，在讨论MVP的话题时，也都把杜兰特放在了前面。这对詹姆斯来说，是前所未有的挑战，杜兰特这是冲着联盟第一人去的，

联盟第一人当然要做出回应。

然而青山遮不住，毕竟东流去，即便是詹姆斯，也无法阻挡属于杜兰特的时代，场均贡献 32 分、7.4 个篮板、5.5 次助攻、1.3 次抢断，命中率为 51%，其中得分、助攻、抢断和命中率均是生涯最高，得分整整高出第二名 4 分。杜兰特出战 81 场常规赛，砍下 2593 分、598 个篮板、445 次助攻、103 次抢断和 59 个盖帽，目前职业生涯总得分达到 14809 分，并以场均出手 20.84 次成为 NBA 历史上唯一一个出手低于 21 次得到 32 分的球员，连续 41 场 25+ 打破了乔丹的连续 40 场 25+ 的纪录，并且拿下个人职业生涯第四个得分王。

这一次，MVP 是他的。

在近七年的职业生涯里，杜兰特一直都在追寻着属于自己的梦想，而这一次，他终于抵达第一个彼岸——拿到人生中的第一座 MVP 奖杯，2013/2014 赛季，他击败了最强劲敌詹姆斯，在教练、队友、亲人和无数粉丝面前举起了伟大的小铜人奖杯，也打破了“皇帝”对 MVP 的垄断，詹皇的无敌时代告一段落。

这是杜兰特生涯第一次荣膺常规赛 MVP。在 MVP 的票选中，杜兰特一共得到了 1232 分，其中得到了 119 张第一选票。MVP 票选一共有 125 张，其中 124 票来自美国和加拿大的体育记者和播音员，1 票来自 NBA 官方网站。就连勒布朗·詹姆斯也表示心悦诚服：“杜兰特配得上这个荣耀，他就是本赛季的 MVP。”

MVP
THUNDER
KIA

最终，杜兰特在他 26 分钟充满真诚、谦虚、丰盈的爱的 MVP 获奖视频上，放上了个人独有的标记。完达·杜兰特哺育了一个好孩子，一个想要成为伟大男人的人。杜兰特告诉自己的母亲："我们本不该出现在这里，是您让我们相信，您使我们不致流落街头，您把衣服穿在我们身上，您把食物放在桌上，您确保了我们的温饱，自己却饿着肚子去睡觉。您为我们牺牲了太多，您才是真正的 MVP！"此刻，他是华盛顿特区的骄傲，更是俄克拉荷马的骄傲，他赢得了所有人的心。

04 KD

新的起点

2014

与光彩夺目的常规赛相比，杜兰特的 2013/2014 赛季季后赛之旅却有些黯然失色。虽然整体数据看起来依旧夺人眼球，但是对比起常规赛的神勇无敌就略显逊色了，最重要的不是发挥和数据，而是心态的起伏变化。

首轮战灰熊就遭受了前所未有的阻力，面对托尼·阿伦的贴身逼抢下三路的防守，杜兰特显得束手无策，这位在常规赛大杀四方的进攻利器得分王一直被托尼·阿伦用令人窒息的一波又一波防守遏制住，和过往那几年的季后赛相比，杜兰特在这个系列赛里经历了不同寻常的挣扎。他甚至被一家当地报纸称为“不可靠先生”。

球队一度以大比分 2 比 3 落后，常规赛时不可阻挡的雷霆此刻岌岌可危，因为他们即将面临被淘汰的命运，假如他们的老大杜兰特还在打盹的话。

就在饱受质疑的时候，杜兰特终于在沉默中爆发，在第六场生死战中大杀四方，在孟菲斯人严密的防守下不断地攻击到篮筐，各种绕掩护的中投，似乎一切又回到了常规赛“杀神杜”的节奏，杜兰特在这场比赛中贡献 36 分、10 个篮板，帮助球队扳平大比分。

在首轮最后的抢七战里，杜兰特一扫前五场的颓势，18 投 12 中，其中三分球 5 投 5 中，砍下 33 分还有 8 个篮板，带领球队晋级。杜兰特首轮场均 29.9 分、9.6 个篮板、3.4 次助攻，更可贵的是面对铺天盖地的批评以及球队被淘汰的绝境，杜兰特站了出来，很好地尽到了领袖的职责，带领大家杀出了绝境。

次轮对决保罗和格里芬的快船，杜兰特终于找到感觉，他火力全开，系列赛场均砍下 33.2 分、9.5 个篮板和 5.3 次助攻，命中率高达 47%。杜兰特在这个系列赛的亮点除了打出了 MVP 级别的表现之外，还有第四节的超高效发挥。

雷霆最终一路兵不血刃击沉了快船，时隔一年之后昂首挺进西部决赛。这次他们的对手是冠军马刺，可惜球队却传来了一个噩耗，内线大将伊巴卡被保罗绊倒导致腿部肌肉受伤，有可能缺席西部决赛。

两年前，雷霆 0 比 2 落后之后连扳四场惊天逆转当时已经 22 连胜的马刺，而本赛季雷霆更是横扫马刺，西决冤家聚首马刺更添一份积淀，而雷霆却折损了内线大将伊巴卡。前两场雷霆继续被马刺碾压，第一场惨败 17 分，第二场更是狂输 35 分创造雷霆季后赛

最大的输分纪录。连续两场的溃不成军导致伊巴卡不得不带伤复出，尽管接下来在主场连扳两场追平大比分，但是伊巴卡再次因为腿伤而神奇不再，而马刺也因为替补迪奥连续两场的出色发挥带走雷霆重夺西部冠军的梦想杀进总决赛。

威少最后一战打出了 34 分、8 次助攻、7 个篮板、6 次抢断、7 次失误和 5 次犯规的神奇数据。最后时刻，杜兰特忍着脚踝的伤痛奋力点出篮板，威少接到皮球又是三分线外一个干拔，磕框不中，杜兰特懊丧着双手掩面，“双子星”终于败在了老当益壮的马刺脚下。

他们也许不知道，马刺带着多大的怨念来打这轮系列赛，自 2007 年夺冠以来，波波维奇和“GDP”（吉诺比利、邓肯、帕克组合）已经七年没有摸到总冠军奖杯了，他们

剩下的篮球时光屈指可数，有句话叫作：“那扇门正在关上。”邓肯 38 岁，马努 37 岁，2013 年他们离最后一个冠军只差一个罚球和一个篮板。人越老，心越烈，咽不下这口气。2012 年西部决赛，在同样的场地上，马刺以 2 比 0 领先后被雷霆三少冲得七零八落，连扳四场。

当年在大家感叹“马刺的传球美如画”的时候，马刺莫名其妙地连输四场，倒在了总决赛门口，邓肯那年 35 岁，吉诺比利 34 岁，白发苍苍的波波维奇在场边怒吼：“我们需要打得肮脏一点！”那时候输掉西部决赛，大家都觉得马刺的故事结束了。

这一次他们有机会卷土重来，自然是做足了准备，非要报一箭之仇不可。马刺年轻气盛的三年级生伦纳德却说——“我不关心西部决赛的对手是谁，我只想和最强的球队交手。”两年前，他作为一个菜鸟第一次杀进西部决赛，快攻扣篮扣飞，抢篮板失误出界，防守端被杜兰特残忍地打爆。这一回是他连续第三次杀进西部决赛了，这一回他再次挑战天下得分第一的小前锋杜兰特。

马刺从上到下，从老将到新人，都做足了准备，而雷霆这一场比赛，明显低估了对手，应变不足，小个子阵容出奇制胜不成反而成了败笔，更没有想到波波维奇能使出迪奥、邦纳首发这样的怪招。

季后赛的杜兰特就像一个孤独的剑圣，锋芒震慑着全联盟的防守者，但雷霆却陷入了困境。若论个人技术和得分能力，杜兰特傲视全联盟，论单打独斗，他可称天下第一。青衫磊落，一剑横空，试看白刃血纷纷。他不像詹皇那般霸道，也不如科比那般华丽，可他就是风度翩翩，气定神闲，犹如“弑君者”詹姆·兰尼斯特，当然也有着一份单挑高手固有的寂寞和孤独。2.08 米的杜兰特能完全像一个后卫一样在外线游走变向，一个挡拆拔起就投，防守者甚至来不及反应，那球就脆生生入网，他的身高和臂展使得皮球的出手点令人绝望，你努力起跳伸手只能摸到他的腋窝。快攻中他像八步赶蝉一样迈开长腿直杀篮下，对于幅度如此巨大的变向突破，防守者也只能目瞪口呆。

他比威少多了冷静和睿智，却少了几分好勇斗狠的横劲，统筹全局、组织球队也非他所长，所以他陷入了与马刺团队篮球的苦苦缠斗。得分和 MVP，都不是他最终的追求，铁王座上的皇冠才是他的终极梦想。若要真正成为联盟第一人，就要把手中的剑，化作剑一般的决心和意志力。

雷霆虽然未能跨过马刺这座高山，杜兰特也未能和詹皇顺利会师总决赛。但他们惊才绝艳的天赋依旧在我们眼前不断闪现，这是一支令人印象深刻、难以忘怀的球队。这是一支热血沸腾、充满激情的球队，杜兰特最后时刻拉杆上篮反超比分，忍着脚踝的疼痛飞身跃起点出那个前场篮板；威少一次次奋不顾身杀入篮下，把自己抛在空中去博得罚球；伊巴卡每一分钟为大家守护篮下，封盖马努和帕克的突破；雷吉·杰克逊拼到六犯离场；费舍尔最后一刻还在倒地救球。

整个球队，从巨星到替补，从老将到新人，每一位都是“雷霆军团”中无畏的战士，他们不曾被强大的马刺带来的精神压力所击垮，他们用天赋和激情做武器，和马刺的智慧和经验战斗到了最后一刻。胜利属于神奇的马努和伟大的邓肯，但未来属于不屈不挠的新生雷霆，他们七战击溃了内线强大的灰熊，六场打败了快攻联盟第一的快船，又和团队篮球的一代宗师马刺苦战六场，逼得马刺机关算尽，雷霆这个赛季，虽败犹荣。

虽然没有赢得最终胜利，但这依然是属于杜兰特的一个伟大赛季，他终于从一位依靠个人能力大杀四方的战将，变身为一名把球队扛在肩头的领袖。杜少常规赛场均贡献 32 分、7.4 个篮板、5.5 次助攻和 1.3 次抢断，第一次从“詹皇”手中抢走 MVP。

而季后赛中，他面临着灰熊和快船的强力挑战，遭遇了无比艰难的困境，乃至俄城媒体送给他“不可信赖先生”的头衔。然而他在困局中崛起，在逆境中奋进，先后击败灰熊和快船，与联盟第一的马刺鏖战六场，场均砍下 29.8 分、8.9 个篮板、4.2 次助攻、1 次抢断和 1.2 个盖帽。新科 MVP 用自己的冷静无私、坚韧卓绝的表现，为自己添上了有担当负责任的注脚，他是雷霆的牢不可破的基石，也是雷霆值得依赖的未来，绝不可低估杜兰特的决心和毅力。

性格内敛的杜兰特，心如坚冰，行如飘风，攻如暴雨倾盆，一时的挫败算不了什么，他依旧要扛着球队前行。他有着联盟最强大的进攻能力，有着最同心协力的兄弟，青春没有失败，25 岁，或许又是杜兰特的另一个新起点。

OKC
OKLAHOM
BASKE

第九章
福祸相依

凯文·杜兰特传

01

清醒的看客

2014

轰轰烈烈的2013/2014赛季就这么过去了，俄克拉荷马城的喧嚣如夏日的雷暴渐渐平息，切萨皮克主场狂热的牛仔们也带着遗憾和不甘各回各家，蓝白色的炽热狂潮平息在休赛期的闷热和平淡之中。

凯文·杜兰特，上个赛季常规赛最大的赢家，西部决赛的失败者，目送着一年之前的手下败将、38岁的老邓肯再度杀入总决赛，去迎战他生命中最大的对手——勒布朗·詹姆斯，作为一个旁观者和看客去观察历史第一大前锋与当今联盟第一人的终极对决，也是联盟最强大的团队战术与联盟最好的天赋之间的争锋。

但他没有料到，“迈阿密三巨头”的烈火只燃烧了两年，前一年，他们还能与马刺七场大战做生死之搏，而这一回，他们在老家伙们的智慧和执念面前一溃千里，甚至没能表现出能和雷霆相提并论的斗志和决心。4比1，连续三场惨败让迈阿密的霸气瞬间烟消云散，詹姆斯挥手告别了帕特·莱利和德怀恩·韦德，回到了他当初起航的地方。

以杜兰特的智慧，他能把这场总决赛从头到脚看个透彻，是非对错逃不过这位天才的眼光。热火比雷霆的天赋更胜一筹，詹姆斯尚在巅峰，对比赛的控制力远在他之上，德维恩·韦德的经验和球商，绝不亚于他的好兄弟威少，通力协作四年的冠军之队，磨合良久的战术套路，却依然敌不过马刺根本停不下来的战争机器。杜兰特读透了这一切——马刺的球星只是团队的零件，所有人都服务于战术；而热火的球星则是团队的灵魂，所有战术都服务于“三巨头”。

马刺做的事情是联盟独一无二的境界，其他人和球队做不到。普雷斯蒂照着他们的模样搭建了一个金字塔，却还没有那个功力赋予雷霆同样伟大的灵魂。这个伟大的事业，将会落在杜兰特身上。无论是勒布朗·詹姆斯，还是蒂姆·邓肯，他们做到的，杜兰特也将会做到。

当那个不苟言笑、相貌平平、眉眼间神似邓肯的“90后”小伙子被亚当·萧华喊起名字，在礼花和彩带下从比尔·拉塞尔手中捧起FMVP奖杯，在飘飞的香槟酒水中痛哭流涕的时候，杜兰特想到了许多事情，2014年的MVP和FMVP，分属两个低调、淡定的年轻人，这个比他更年轻的孩子，出身比他更平凡，比他更懂得韬光养晦。然而这一次，科怀·伦纳德在马刺最艰难的时刻从沉默中站了出来，图穷匕见，长虹贯日，杜兰特依旧记得他面对自己时强悍的单兵防守和神兵天降一般的个人进攻。此后，敌人不只是詹姆斯一个。

然而，在总决赛后，在各大媒体都把伦纳德捧在云霄里的时候，甚至说他强过保罗·乔治的时候，杜兰特不再沉默，他说："科怀·伦纳德不会比乔治更强大，他的崛起，依赖于马刺强大的团队配合。"他和两位崛起的新星都交过手，深知他们的能力如何，杜兰特还是那么坦率真诚、直言不讳，就像他上个赛季不惜得罪科比和韦德，张口就说："詹姆斯·哈登才是联盟第一得分后卫。"一就是一，二就是二，杜兰特从不会隐瞒自己的真实想法，就像他常开玩笑说："关于威斯布鲁克，我爱他，但也常常恨不得掐死他。"

最大的对手詹姆斯回家了，人们不禁对杜兰特产生了同样的猜想，但杜兰特表达了对于"2016 年回华盛顿"的看法。

"我每天都会谈论雷霆，这才是我关心的。未来是什么样子，我不知道，所以我不会和你说那些我不知道的事情。日子要一天一天地过，我很享受这里的生活，我很享受和队友们的关系，我喜欢球队前进的方向。这不是官方辞令，这是事实。"

"我待在这里七年了……我在这座城市里长大。当在一个地方待久了，你就会想要成为这个地方的一分子。更何况我已经成为这里的一分子，度过了那么多美好的时光，这已是我生命中很大的一部分了。所以我不会敲着时钟大喊'啊，7 月快来啊，我等不及要离开了'。我从不会这样想。"

"我爱俄克拉荷马，我总是想我在这座城市里不仅仅是一个篮球运动员那么简单。当我进入联盟时，我告诉自己这座城市接纳了我，我也要接纳这座城市，我们要一起成长。"

02 KD
退出国家队
2014

这个夏天和从前不同，整个 NBA 的年轻一代们都没有闲着，因为 2014 年西班牙篮球世界杯正在等着他们。这又是一次“梦之队”扬威世界的时刻，杜兰特是这支队伍的旗帜和老大，这位土耳其世锦赛、伦敦奥运会的头号功臣、FIBA 赛场几乎天下无敌的大杀器，将会再次带领球队冲击世界冠军，捍卫美国篮球的地位，NBA 赛场上的失落，原本可以在世界杯中找回。

杜兰特再一次加入了“梦之队”，全身心投入到国家队的训练中，他在“老 K”教练的指导下，一招一式重温学院派篮球的精髓，似乎回到了高中和大学那一段简单而快乐的时光，然而一场灾难突如其来地发生了。

2014 年 8 月 2 日，拉斯维加斯，“梦之队”对抗赛，一次简单的快攻追防，保罗·乔治为国效力的梦想在一声脆响中断裂。他落地时右脚踩中摆放欠妥的篮球架，猛烈的冲击力使得他的右小腿瞬间反向折断成 90 度，情形十分惨烈，在场人员无不掩面失声。而前一天，乔治还在和杜兰特玩快乐的一对一斗牛。

这一幕，令人想起了篮球场上许多残酷的片段，利文斯顿断裂的膝盖，凯文·威尔刺破皮肤的断骨，罗兰德扭成直角的断腿。

美国男篮主帅迈克·沙舍夫斯基当即宣布本场比赛提前结束，全体球员围在一起为乔治祈祷。乔治被担架抬出场地的时候，表情依旧平静，这位印第安纳的硬汉全程一声不吭，没有惨叫，没有落泪，没有翻滚挣扎，他安安静静地离开了球场和“梦之队”。

这件事情瞬间引发了联盟的舆论地震，老板、总经理和球星们开始纷纷讨论该不该派 NBA 球星参加国际比赛。第二天，更惊人的事情发生了，四届得分王、新科 MVP、“梦之队”最大牌球星凯文·杜兰特已经宣布，将退出 2014 年国家队，缺席西班牙世界杯，理由是他的身体和情绪问题。

“他感觉自己在精神和身体上极度疲惫。”美国篮协主席杰里·克朗基罗说，“他跟我和‘老 K’教练都进行过沟通，告诉了我们他目前的困扰。他选择离开训练营，是因为他觉得自己无法实现对球队的承诺。”

杜兰特本人谈到自己退出国家队时表示，这是一个艰难的决定，因为他非常希望代表国家队征战。

职业球员参加国家队比赛，这在世界范围内是个稀松平常的事情，世界篮坛到处都是这样的球员，NBA 是一个娱乐化、商业化的职业联盟，而国家队的荣耀是独一无二的。即便是在美国，爱国主义依旧是他们的主流价值观，即便在 NBA，每场比赛之前也会奏起《星条旗永不落》。

但 NBA 球队和老板们不会这么想，在他们看来职业球员是球队的宝贵财产，领着巨额的薪水理应为球队负责，每年 82 场常规赛乃至季后赛的剧烈消耗，强度不可谓不大，休赛期应是放松身体、保持训练、储备体能、恢复健康的最佳时刻，新赛季还要指望着他们卖票挣钱，甚至冲击季后赛和冠军。休赛期拖着疲惫的身体参加国际比赛的风险太大，如果受伤，那就得由俱乐部和老板来买单。这对投资方来说，的确不公平，国家队投入的是感情和荣耀，而俱乐部除了感情和荣耀，投入的还有真金白银。

杜兰特这次退出，没有任何值得指责的地方，因为在他之前，乐福、格里芬和伦纳德均已相继退出，疲惫的 2014 年让巨星们都开始爱惜自己的身体与未来。而“梦之队”却并没有受到任何影响，好兄弟詹姆斯·哈登接过了领导权，“梦之队”再一次所向无敌，顺利夺得了世界冠军。杜兰特的好队友，西班牙队的伊巴卡被记者问到有没有在世界杯上想念杜兰特时，伊巴卡连忙回答：“不，不，不……没人想要和凯文对抗。谁想和他对抗？当然没有了，我看了 2010 年土耳其世锦赛的决赛，每次他投篮，人们就开始哭。不……不……不。”

03

耐克大合同和“琼斯骨折”

2014

尽管杜兰特没有参加世界杯，整个夏天，除了推特上的几声感慨，参加冰桶挑战，和自吹自擂朋友圈中游戏技术第一，他并没有像前几个赛季那样高调地出现在球迷和媒体面前。

但杜兰特的名号已经是联盟的金字招牌，谁都知道，这是一只全世界都看涨的牛股，那些眼光长远的体育玩家们，豁出去也要把未来押在他身上。在 2014 年，再看不出杜兰特代表着什么，再不抓住机会，就会眼睁睁失去未来。

如晴天霹雳一般，安德玛（Under Armour 美国体育运动装备品牌）给杜兰特提供 10 年 3.25 亿美元的巨额合同，阿迪达斯也在暗中联络杜兰特。在签约 Jay-Z 之后，杜兰特已经结束了和佳得乐的合同，接受其他的代言。在这个历史的关键时刻，耐克没有错过机会，他们匹配了安德玛给杜兰特的报价，因此杜兰特将留在耐克旗下。

耐克匹配的这份报价为 10 年 2.65 亿至 2.85 亿美元。耐克之前和杜兰特 7 年 6000 万美元的合同即将到期，他们最初曾给杜兰特提供了一份每年约 2000 万美元的报价。在安德玛开出巨额报价后，舆论认为耐克不会匹配。但耐克官员完全没有犹豫，他们在美国时间周六通知杜兰特及其经纪公司，他们将匹配这一报价。杜兰特和耐克的新合同年薪将高于他和雷霆的合同（2 年 4120 万美元）。据 SportsOneSource 统计，杜兰特的签名鞋产生了 1.75 亿美元的收入。

不只是美元的问题，大名鼎鼎的 2K 游戏公司，更是在他们次世代新作《NBA 2K15》上使用了杜兰特做封面人物，在《NBA 2K》新游戏的评分系统中，只有四名现役球员的总评

在90以上，而杜兰特的评分为95，在现役球员中仅次于勒布朗·詹姆斯。

此外，杜兰特还公开表示他对阿伦·艾弗森的尊敬，他说："阿伦·艾弗森是我们这个时代球员的标杆，并改变了我们的打球方式。"而他对前辈的尊崇，也带来了前辈的称许，艾弗森回应了杜兰特——"继续做好你现在正在做的事情，不要让任何事情阻拦你做自己。"

雷霆在这个夏天一直没有停止招兵买马、打磨阵容的脚步，他们选中了球风强硬，堪比亚当斯的内线硬汉麦加利，并且引进了锋线悍将安东尼·莫罗。雷吉·杰克逊如火箭般成长。威斯布鲁克、杜兰特都在夏天得到了不少的休息时间，全队的人员和状态，都要好过上个赛季。

但谁也未料到，几场季前赛，竟然让杜兰特遭遇了前所未有的伤病，7年以来，身材瘦削的杜兰特像一个刀枪不入的铁人，伤病这种事情，一般不会发生在他的身上。

10月11日，在雷霆与掘金的一场季前赛中，杜兰特底线大幅变向，直杀内线，单臂抡球就要暴扣，掘金阵中一条白影斜刺里扑出来，凌空按下了杜兰特的暴扣，那是俄罗斯中锋莫兹科夫，巨大的体重和力量把杜兰特掀翻在地。12日的训练中，杜兰特告诉球队他感觉自己的右脚不是很舒服。雷霆队大惊失色，随即进行了研究和检查，目前来看，杜兰特被诊断为"琼斯骨折"（Jones Fracture）。

"琼斯骨折"发生在脚掌第五跖骨的一个很小的部位上，那里的血液循环较少，因此治疗恢复上也更加困难。跖骨骨折可能会是应力性骨折，或者是一次尖锐并干脆的折断。跖骨骨折发生的原因包括运动过度、重复应力或者直接外部创伤。这种伤病并不常见，同时也比直接撕裂骨折要更难治疗。这种伤病的传统治疗方式是接受手术，而以往NBA

中受到这种伤病球员的恢复周期大概为 6 至 8 周。

这种情况的发生不能怪罪于一场比赛，一次训练，或者是积劳成疾，悲剧总是随机发生的。萨姆·普雷斯蒂说——这是一种常见伤病，他说“‘琼斯骨折’治疗是一种近年来在 NBA 球员中颇为常见的外科手术”，“琼斯骨折”确实并非什么疑难杂症，也不是能够损害职业生涯的难缠伤病。自 2007 年杜兰特进入 NBA 以来，他在常规赛的上场时间几乎冠绝全联盟，遑论连年征战季后赛和频繁在国家队服役——他太累了。自从那次脚踝扭伤休息七天之后，杜兰特从未遭遇过如此长时间的休战。

这次伤病对杜兰特和雷霆来说都不是小事情，他上个赛季以场均 32 分的表现冠绝联盟，并且在过去五年内四次获得得分王。两个月的恢复期将使他直到 12 月中旬才能重归赛场，那离季后赛还很远。所以这场伤病对于雷霆来说并不是世界末日。假如球队不得不克服开赛期的慢热，这伤病确实可能会影响雷霆的常规赛排位。事实上，伤病已经像流感一般在雷霆全队中蔓延，这不是一个好的兆头。但只要他们能够撑过两个月，撑到杜兰特归来，未来依旧值得期待。

老对手吉诺比利说：“杜兰特的这次受伤，对其他雷霆球员来说，或许是一件好事情。”他们积累了太多的青年才俊，杜兰特休战之后，佩里·琼斯、兰姆、莫罗，都有机会站出来磨炼自己的能力，展示自己的天赋，但最大的看点是威斯布鲁克，他将会成为全世界的焦点，在球迷面前真正展示一下他的领袖天分。

从比尔·沃顿到姚明，都已经证实了脚底的这种伤对职业生涯的影响。但对于杜兰特自己而言，“琼斯骨折”并不是一个挥之不去的困扰。杜兰特如此年轻，身体如此健康，一般来说，只要经过良好的治疗和耐心的康复训练，小脚趾根部的骨折极有可能痊愈，而我们的 MVP 也有着极大的可能满血复活。但是对于如此珍贵的一名球员，雷霆不可能完全不担忧他们的财富和未来，联盟也不得不担忧他们的品牌和脸面。

2014/2015 赛季，得分王、MVP 或许都会和杜兰特无关了，但在惋惜和期待之外，我们还应该看到一点别的，我们现在看到的杜兰特，才是最真实的杜兰特，他不是神坛上的偶像，他会失败，他会受伤，他也会失落，有血有肉，真实自然，就像我们身边的朋友和兄弟。他说过：“我只是一个职业球员，并不是超级英雄。”

一次又一次的起起落落，在他生命中早已不是新鲜事，他从贫困和艰难中走到今日，早已磨炼了耐心和斗志，重回巅峰，只是时间问题。詹姆斯该担心的事情，马刺该担心的事情，依旧值得担心。

THUNDER

12:00
24
OKC

第十章
再起玄黄

01 KD

伤病阴霾

2014—2015

凯文·杜兰特早就说过："我不是超级英雄，我只是一个普通球员。"在 MVP、得分王拿到手软之后，杜兰特放缓了他的脚步，去重新观察自己和整个世界。2014/2015 赛季初的那次"琼斯骨折"，让他像 2013/2014 赛季的威少一样受困于零零碎碎的小伤病。

在看着 2014/2015 赛季的威少大杀四方的同时，杜兰特大部分时间都坐在场下为自己的兄弟鼓掌欢呼，并且替他去抵挡场下的流言蜚语。在那个时候，雷霆战绩不佳，人们对于拉塞尔·威斯布鲁克比赛方式的质疑是此起彼伏的，人们一直在问，为什么威少受伤的赛季，杜兰特可以拿下 MVP 和得分王，可以连续 40 场得分 25+，可以带队杀进西部决赛；而杜兰特受伤，威少一人带队的赛季，球队却跌跌撞撞进不了季后赛？所以，许多时候，杜兰特面对媒体，总是不顾一切站出来力挺他的兄弟，他说："人们总是误解拉塞尔，但他是雷霆为了胜利愿意付出最多的人。"兄弟同心，由此可见一斑。

然而就在那个伤病纠缠、七零八碎的赛季中，杜兰特也会打出精彩的表现，2015 年 1 月 1 日，雷霆在主场经过加时以 137 比 134 战胜太阳。杜兰特出场 40 分钟，轰下 44 分、10 个篮板、7 次助攻，成为 NBA 常规赛历史上第四位在出场时间小于 40 分钟还能拿到这样数据的球员。前三位分别是迈克尔·乔丹、拉里·伯德和布雷克·格里芬。然而这样伟大的表现对于一个崩溃的赛季来说，只是杯水车薪，杜兰特的伤病，不但影响了球队的战绩，更是危及了他自己的职业生涯。到了 2015 年 3 月的时候，他终于撑不住了，做了右脚骨移植手术。

这已经是那个赛季的第三次手术了，2014 年 10 月，杜兰特的右脚因"琼斯骨折"做了手术，之后又做了两次相关小手术修复一些附带的问题，第三次手术是 2015 年 3 月 31 日进行的。正是那次手术，杜兰特也提前结束了整个赛季的比赛，整季他一共只打了 27 场比赛，当时预计杜兰特需要 4 至 6 个月的恢复时间。当时医生发现杜兰特右脚骨头又出现了一道裂缝，第三次手术是对他的右脚进行了"尺寸扩大"处理，这样一来就能够让他的骨头最大化变宽，以避免他的脚再出现伤病问题。

杜兰特使用了一种有争议的骨头移植材料，之所以说有争议，是因为这种材料目前尚未得到美国食品及药物管理局的允许用来促进脚部骨头扩张性生长。

“他们往我的脚里填充了一些骨头移植物，粘在那个区域的上部，两周内就完全愈合了。”杜兰特说道，“但后来，他们又往里面填了一些其他的东西，好让它平滑些，厚一些，可费了一番工夫。”

杜兰特当时的心思都在比赛和球队的战绩上，每次伤刚刚好，就急着复出，一上赛场就全力以赴，所以，这伤病如影随形地缠上了他，让他整个赛季都无法脱身，杜兰特自己也没想到在第一次骨折痊愈后又出现了骨头裂缝，这让他也很惊讶。“他们往我的右脚里填充东西后，右脚的那一侧就像额外多出来一层骨头一样， 这就是为什么还要花更多的时间来恢复的原因，你要让它强健起来。我还可以选择别的手术方案，但这种手术是最安全的。”

洛杉矶的手术专家罗伯特·克拉帕自信满满，他认为杜兰特第三次手术就好像给裤子加了一条背带一样，经过一年恢复时间，受伤的第五根跖骨会达到历史最强健的状态。“杜兰特会像洛佩兹兄弟、大加索尔、乔丹，还有很多经历了跖骨骨折的球员一样，健康归来，继续打球，他会以一个更强有力的姿态回归，而且不会再出现类似的伤病了。”

借他吉言，2015/2016 赛季，那个无所不能的犀利得分手杜兰特，那个 MVP 级别的超级巨星杜兰特，终于在隔了一年后杀回来了。

02 KD

归去来兮

2015—2016

可惜的是，当杜兰特卷土重来之际，联盟已经风云变色、山河迥异了，这已经不再是杜兰特和詹姆斯双雄争霸的场面，而是斯蒂芬·库里异军突起、独领风骚的赛季。那个相貌清秀的小个子，已经用他神奇的三分球和出色的团队战绩，牢牢霸占了NBA的所有头条。无论你喜欢还是不喜欢，都得眼睁睁看着斯蒂芬·库里投出那些如远程精确制导导弹一样的三分球，那疯狂的场面，即便是巅峰的杜兰特也稍有不如。

不但如此，他曾经的兄弟和队友詹姆斯·哈登也渐渐成为全联盟前五的领军人物，马刺那个面无表情的小前锋科怀·伦纳德，也成为人们眼中的“邓肯接班人”，这是一个群雄并起的大时代，杜兰特受伤一年，中生代的詹姆斯已经处于巅峰的尾巴上，年轻人就纷纷站出来抢班夺权了。马刺年轻的FMVP+DPOY科怀·伦纳德夏天又丰富了自己的进攻技能库；詹姆斯·哈登也在渐渐摆脱开局的低迷，一次次迎来数据的爆炸；布雷克·格里芬依旧是全联盟最好的大前锋；“浓眉哥”戴维斯偶尔也能证明自己ESPN“琅琊榜”第一人的价值；威斯布鲁克依旧能够打出爆炸式的数据和赛场表现；就连凯尔·洛瑞都迎来了数据和战绩的双丰收；当然最让人倍感振奋、热血沸腾的事情，莫过于保罗·乔治的满血复活和王者归来。沉舟侧畔千帆过，病树前头万木春，杜兰特的危机和挑战来了。

2016年2月8日，美国职业橄榄球超级碗旧金山现场，斯蒂芬·库里现身场边打鼓，接受万众欢呼，而同为MVP的凯文·杜兰特也来到了超级碗现场，他独自坐在场边玩他的摄影设备，茕茕孑立，形影相吊。

这就是2015/2016赛季，他和库里遭到的待遇，杜兰特写道：“我是凯文·杜兰特，今年27岁，以打篮球为生。”那个赛季，几乎每个人都被淹没在库里和勇士的光芒之下，人们往往被库里神奇的投射所折服，如果有人问道：“如果库里拥有杜兰特的身高臂展，那会是多么可怕？”你肯定会说：“那不就是杜兰特吗？”

许多人大概不知道那个赛季的杜兰特到底有多么优秀，那是因为我们已经习惯他的神勇和高效，见得多了，就不以为怪了。若不是那个赛季的斯蒂芬·库里光芒万丈，我们会发现，凯文·杜兰特依旧是MVP级别的超级巨星，他依旧锋芒正盛，威不可挡。

PRIV BLACKBERRY SECURE
OKC
35
RAPTORS
6
RAPTORS
10
GFL

03

藏锋一季

2015—2016

在2016年2月7日，输给勇士的那场比赛中，凯文·杜兰特打了40分钟，25投12中，得到40分、14个篮板、5次助攻、2个盖帽。这是职业生涯至今，杜兰特首次打出这样的单场比赛数据。联盟上一位打出至少40分、14个篮板、5次助攻、2个盖帽的球员是2007年4月7日的文斯·卡特，那场比赛卡特28投16中，得到46分、16个篮板、10次助攻、3个盖帽。这种数据，那个赛季的杜兰特是不会轻易打给你看的，只有超级强大的对手，能把他逼到绝境的对手，才能让“死神”陛下全力以赴。

那场比赛，几乎是那个赛季常规赛最具观赏性的比赛，双方都竭尽全力去限制对手，去释放自己，无论是“雷霆二少”还是“水花兄弟”都打出了极高的水平。当然，勇士靠他们以库里为核心的团队，把传球和投射演绎到了极致，纵然杜兰特打出了那个赛季最精彩的个人表演，但最终无力回天。然而他并不气馁，并不忧心，他依然期待着下一次的交锋，在提到马刺和勇士这两个老冤家的时候，他说：“我们不会害怕这两支球队，我们会打好我们的比赛，这个更衣室里没有人会害怕，我们必须打好比赛。打出我们想要打出的比赛，我们必须打好比赛，我们不会躲避任何人。”

2016年，四届得分王、前MVP杜兰特已经27岁，他已经比唐斯、奥卡福这些孩子多打了10年篮球，在这个残酷而又荣耀的联盟中，他竟然已经是一名老兵。

杜兰特感慨：“我在逐渐变老，但与此同时我觉得我仍然年轻。我仍然在学习，我仍然在尝试弄清楚，当我作为一名篮球运动员时，我到底是谁。”

“逝者如斯夫，不舍昼夜。”光阴的短暂让我们来不及追思和回味，以至于当杜兰特已经打了10年

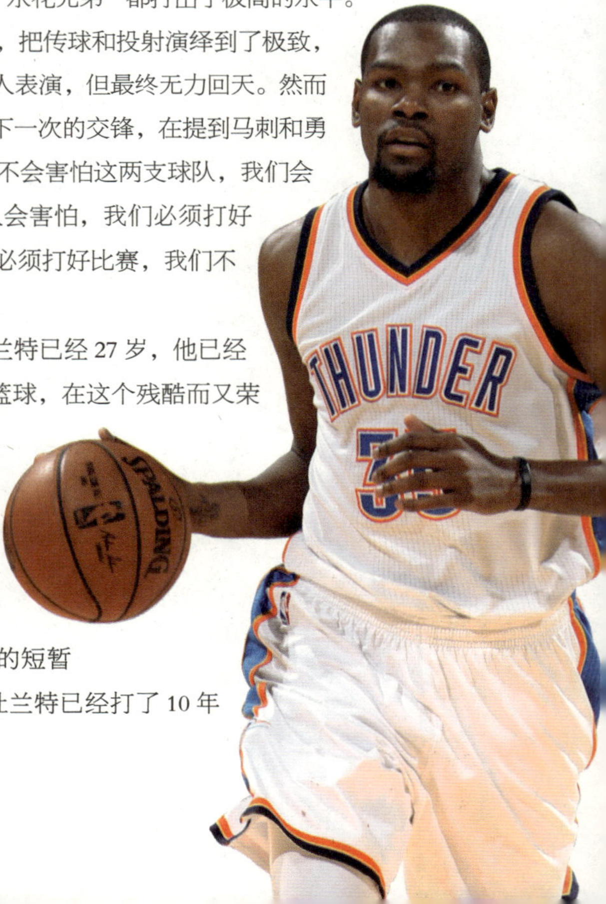

篮球的时候，在我们心目中，他还是那个青涩而又腼腆的孩子，那个容易被我们遗忘的超级得分手，那个 21 世纪最伟大的巨星之一。

2015/2016 赛季，杜兰特场均得到 28.2 分、8.2 个篮板和 5 次助攻，投篮命中率为 50.5%，三分球命中率为 40.4%，罚球命中率为 89.8%。他的得分表演非常稳定，很少像库里、哈登那样一场高分，一场低分，杜兰特的得分曲线很平稳，在整个上半赛季，杜兰特得分在 20 至 29 分之间的比赛有 26 场，得分在 30 至 39 分之间的比赛有 8 场，得分超过 40 分的比赛有 1 场，这还是他强行压制自己出手欲望的结果。

为了团队的胜利，为了充分发挥威少的作用，杜兰特并未像从前那样大开大阖，释放自己所有的能量，大部分时候，我们并没有见到那个全副武装、全力以赴的杜兰特，他就像那柄绝世神兵，神光内敛不出鞘，但照样斩金截玉，吹毛发断，所向披靡。

我们的目光总被金州勇士和库里所吸引，因那些神奇的三分球而沉醉痴迷，却忘了，杜兰特也是这个星球上最好的持球三分手之一。2015 年 2 月 6 日以来，杜兰特已经连续 41 场比赛有三分球进账，超越了加里・佩顿以及布伦特・巴里共同保持的连续 40 场比赛有三分球进账的纪录，位列超音速 / 雷霆队史第一。如今他的三分球能力，即便是直面斯蒂芬・库里，亦无愧色。

除了双加时和因伤退场外的 34 场比赛，杜兰特的得分全部在 20 至 34 分之内，可见他状态的稳定，简直稳定得可怕，冷若霜雪，波澜不惊。我们看着库里得分如砍瓜切菜的时候，杜兰特照样得分如砍瓜切菜；我们看着库里三分神鬼莫测的时候，杜兰特的三分依然神鬼莫测。不同的是杜兰特每场比库里少出手两次，命中率完全相同，都是 51%，得分少了 3 分，篮板多了 2 个，助攻少了 2 次。

2015/2016 赛季，杜兰特真实命中率排名全联盟第三，PER 值（球员效率值）同样是第三，也是 MVP 赛季以来最高水平，仅次于库里和威少。这已经是非常伟大的表现了，即便那个赛季斯蒂芬・库里打出了超神的数据，但杜兰特依旧是这个星球最好的球员之一，他和威斯布鲁克两个人包揽了近六个赛季中的五个得分王。而库里在取得 2014/2015 赛季 MVP 之前，杜兰特则刚刚把小铜人握入掌中，他场均 32 分、7.4 个篮板、5.5 次助攻，如杀神般不可阻挡，然而接连不断的伤病阻碍了他的巅峰之旅，稍稍停滞了一下，仅仅是一年间，便迎来了库里的黄金时代。

adidas
EL THUNDE

第十一章
雷霆终章

凯 文 · 杜 兰 特 传

01 KD

隐忍之刃

2015—2016

2015/2016赛季排在个人效率榜前五的球员是库里、威少、杜兰特、伦纳德和詹姆斯。凯文·杜兰特依然是MVP的最有力竞争者，但是他忽然变得不显山不露水，每一场比赛都是静静地完成他该完成的事情，他甚至不去和威少争风头和高光时刻，人们感觉到他似乎失去了当年对得分的嗜血和狂热。然而比赛一结束，他依然会交出全队最好的数据和表现，这些不动如山的背后，有着杜兰特更远的思考。MVP、四届得分王，他拥有过一切，唯独没有总冠军。

那些一骑当千、仗剑横行的日子都已远去，他不是不能，如果需要，他随时可以变身那个天下无双的杜兰特，但他说过："为了胜利，我可以做任何事情。"在他的带领下，雷霆那时的战绩为38胜14负，位列西部第三。38胜14负绝不能算是个差战绩了，因为这个成绩放到东部是东部第一，碾压东部领头羊骑士，并且雷霆场均净胜对手9.2分，仅次于马刺和勇士。在NBA的官方战力榜上，雷霆也超越了詹皇的骑士，上升到了全联盟第三位，仅次于勇士和马刺。

雷霆的首发阵容依旧是全联盟最靠谱的之一，全联盟能赢100分以上的五人组只有三组，其中一个是雷霆的主力阵容，能在486分钟内赢下196分。

雷霆的进攻节奏为98.7，排在联盟第11位；进攻效率为109.4，排在联盟第二，比马刺还好；防守效率为100.2，排在联盟第九；场均净胜分为+9.2分，排在联盟第三。进入2016年1月以来，雷霆先发五人组在出战的111分钟里，百回合要净胜对手34分之多，这比任何一组在一月份出场超过50分钟的组合净胜分的两倍还要多。这一切，都来自杜威二少这对超强二人组。

杜兰特也深深认识到了这一点，在战胜老鹰后，凯文·杜兰特郑重地对媒体说："我们今晚没怎么单打，但我喜欢我们单打的时候，因为我们拥有联盟里最强的两个单打手之一——我和拉塞尔（威斯布鲁克）。"他明白球队的优势，要不要战术不重要，要不要团队配合不重要，只要祭出"雷霆二少"这对核武器，他们依旧无往不利。

与性如烈火的威斯布鲁克搭档，杜兰特似乎隐忍着自己的出手欲望，在威少大杀四

方时，观敌料阵，伺机杀出。但每逢绝境、逆境，KD 从不手软，往往依旧能力挽狂澜。所以说，凯文·杜兰特还是这支球队的定海神针，他决定着雷霆的命运和未来。兼收并蓄，收放自如，在收刀出刀之间游刃有余。

2015 年年底，杜兰特连续 27 场砍下 20+，与威少联袂荣膺 12 月西部最佳以及西部周最佳。12 月，杜兰特场均得到 24.9 分，威少场均轰下 23.8 分，雷霆的战绩是 12 胜 3 负，他俩分列得分榜第 6 位和第 7 位。杜兰特还场均抢下 7.2 个篮板、5.7 次助攻，投篮命中率高达 50.8%，他单月 15 场比赛全都砍下 20+，罚球命中率为 87.3%。从 2016 年 1 月到 2 月，他们 19 胜 3 负，杜兰特继续荣膺月最佳，雷霆总战绩 38 胜 14 负，高居联盟前三，“雷霆二少”分列得分榜第 3 位和第 6 位。虽然看不见凯文·杜兰特像库里那样随时开挂大杀四方，但一个更高效、更稳定的杜兰特出现了。

杜兰特的恐怖不仅在于得分能力强大到几乎不可阻挡，更为关键的是他的持续稳定。自 2015 年 11 月 11 日以来，杜兰特每场得分从未低于 20，这种状态一直保持了 64 场。

心如止水，剑似寒星。杜兰特昔日“死神”的绰号名不虚传。对手在每个夜晚都竭尽全力遏制 KD 的得分，可他依然予取予求，这种境界的得分手堪称大杀器，历史上也仅有乔丹、科比等顶尖高手能够做到。

2015/2016 赛季，杜兰特场均得到 28.2 分、8.2 个篮板和 5 次助攻，投篮命中率和三分球命中率分别为 50.5% 和 38.7%，表现毫不逊色于常规赛 MVP。

ADAMS
12
THUNDER
SPURS

02 旷世西决

2015—2016

然而雷霆“兄弟军团”的崩溃，却始于那个看起来欣欣向荣的 2015/2016 赛季。即便勇士打出了史无前例的常规赛 73 胜，库里单赛季轰下了 402 个三分球，蝉联 MVP，拿下得分王和抢断王；即便马刺 67 胜紧随其后，拿下了队史第一的主场战绩，科怀·伦纳德蝉联最佳防守球员。但雷霆先抑后扬，紧随其后，以西部第三的身份杀入了季后赛。

第一轮他们轻取小牛，第二轮他们遇上了老对手圣安东尼奥马刺。在第一场被大比分击败的情况下，雷霆开始绝地反击了，他们终于让战术严谨、将团队篮球发挥到了极致的马刺想起了 2012 年西部决赛的恐惧。

一开始，没有人看好俄克拉荷马雷霆，因为 55 胜和 67 胜相差甚远，并且马刺在 2014 年击败过雷霆，如今马刺核心球员科怀·伦纳德更是力压杜兰特成为 NBA 一阵小前锋，而杜兰特却经历了整整一年的伤病休整，此消彼长，人们都以为马刺会轻松击败雷霆。

但他们错了，杜兰特和威斯布鲁克的天赋永远都不可小觑，雷霆在系列赛第一场大败 32 分的情况下迅速做出调整，第二场就拿下了客场胜利。特别是 2016 年 5 月 9 日的第四战，简直就是系列赛的大转折，雷霆将总比分追平。杜兰特得到 41 分、5 个篮板和 4 次助攻，威斯布鲁克得到 14 分和 15 次助攻，第四节关键时刻杜兰特接管进攻连得 7 分帮助球队锁定胜局。雷霆在西部半决赛第四战主场以 111 比 97 击败圣安东尼奥马刺，将总比分扳成 2 比 2。在这场比赛之后，雷霆越战越强，把马刺逼入了绝境。

2016 年 5 月 14 日，雷霆主场 113 比 99 击败马刺。杜兰特出战 43 分钟，24 投 12 中，三分球 4 投 1 中，罚球 12 罚全中，砍下 37 分、9 个篮板、2 次助攻。这样一来，杜兰特季后赛生涯三分球总命中数达到了 172 个，追平丹尼·安吉，排名上升到了联盟第 19 位。杜兰特也成为迈克尔·乔丹以来首位在季后赛淘汰赛中连续 9 场比赛都拿到至少 25 分的球员。另外，本场比赛威斯布鲁克出战 38 分钟，21 投 10 中，得到 28 分、3 个篮板、12 次助攻。这是杜兰特和威斯布鲁克在季后赛中第 34 次同场都砍下至少 25 分，他们超过了沙奎尔·奥尼尔和科比·布莱恩特（33 次），成为 NBA 季后赛历史得分第二多的组合。

波波维奇的神机妙算，伦纳德的坚韧不拔，邓肯的落日黄昏，都未能阻止“雷霆二少”爆炸的天赋。

在与马刺一战之后，雷霆脱胎换骨，带着高昂的士气，杀入西部决赛。他们在系列赛首战就给了勇士当头一棒，让勇士在下半场只得到 42 分，末节仅得 14 分，均为 2016 年季后赛最低。虽然勇士第二场赢了回来，但在俄克拉荷马，雷霆没有给上届冠军任何机会，两场一共大胜 52 分，打到了外界纷纷怀疑库里没有恢复健康的地步。雷霆一度把勇士逼到了悬崖的边上，勇士以 1 比 3 落后于俄克拉荷马雷霆，一只脚已经踏在被淘汰的边缘。历史上季后赛以 1 比 3 落后的球队，只有九支能够反败为胜，起死回生，而打到分区决赛以 1 比 3 落后最终还能逆转的，只有三支球队，这三个系列赛都是东部决赛，西部决赛中则是一场以 1 比 3 落后最终翻盘的奇迹都没有发生过。

雷霆的教练多诺万是个疯狂的赌徒，他每一场比赛都把“雷霆二少”放在场上 40 分钟，不到彻底拿下比赛的时候，他绝不换上替补阵容，场面一有不对就立马叫暂停。而在当时的局势下，雷霆本身就是奇迹，他们已经逆袭成功，把 67 胜的传奇球队、联盟第二的马刺踩在了脚下，如今又把 73 胜历史第一战绩的勇士打得抬不起头来，这已经是伟大的成就了。

但没有想到的是，从第五场开始，克莱·汤普森开始了他超神的表演，季后赛单场 11 个三分球拯救了悬崖边上的勇士，斯蒂芬·库里也在绝境中复苏，多次在西部决赛最关键的时候投进那些惊天动地的神奇远射，“水花兄弟”和团队篮球一点一点把劣势扳了回来，天助自助者，他们从 1 比 3 扳到 2 比 3，再扳到 3 比 3 平，双方进入“抢七大战”。

第六场比赛打完之后，凯文·杜兰特又成了大众和媒体口诛笔伐的对象，几乎再次被俄城媒体称作“不可靠先生”，因为他确实发挥得很糟糕。第六战，他 31 投 10 中，三分球 8 投 1 中，全场都没有存在感，唯有在第四节库里命中三分球之后，他回应了一记三分球，而在最后时刻，正是因为他过多的运球突破导致失误，被勇士抢断反击成功。斯蒂芬·库里也整整有三节比赛在雷霆的严防死守下得不到出手的机会，但他在最后时刻，却像英雄一样掌控了全场，两个三分球追平比分，一个突破锁定胜局。这就是库里和杜兰特的区别。

在过去三场比赛中，杜兰特的表现堪比季后赛第一轮，整体命中率分别为 33%、38.9% 和 32%，三分球命中率更是低到了 20%、27% 和 12.5%。这是他季后赛生涯最糟糕的命中率表现，这也是多诺万赌博战术和过于迷恋巨星单打的副作用，杜兰特的体力在这轮绞肉战中迅速地流失，极大影响了他关键时刻的表现，而勇士的“水花兄弟”却在健康合理的轮换中得到了休息。

“抢七大战”，雷霆毫无悬念地失败了，成为历史上唯一一支西部决赛以 3 比 1 领先被翻盘的球队，这时候，分崩离析就已经是注定的了。

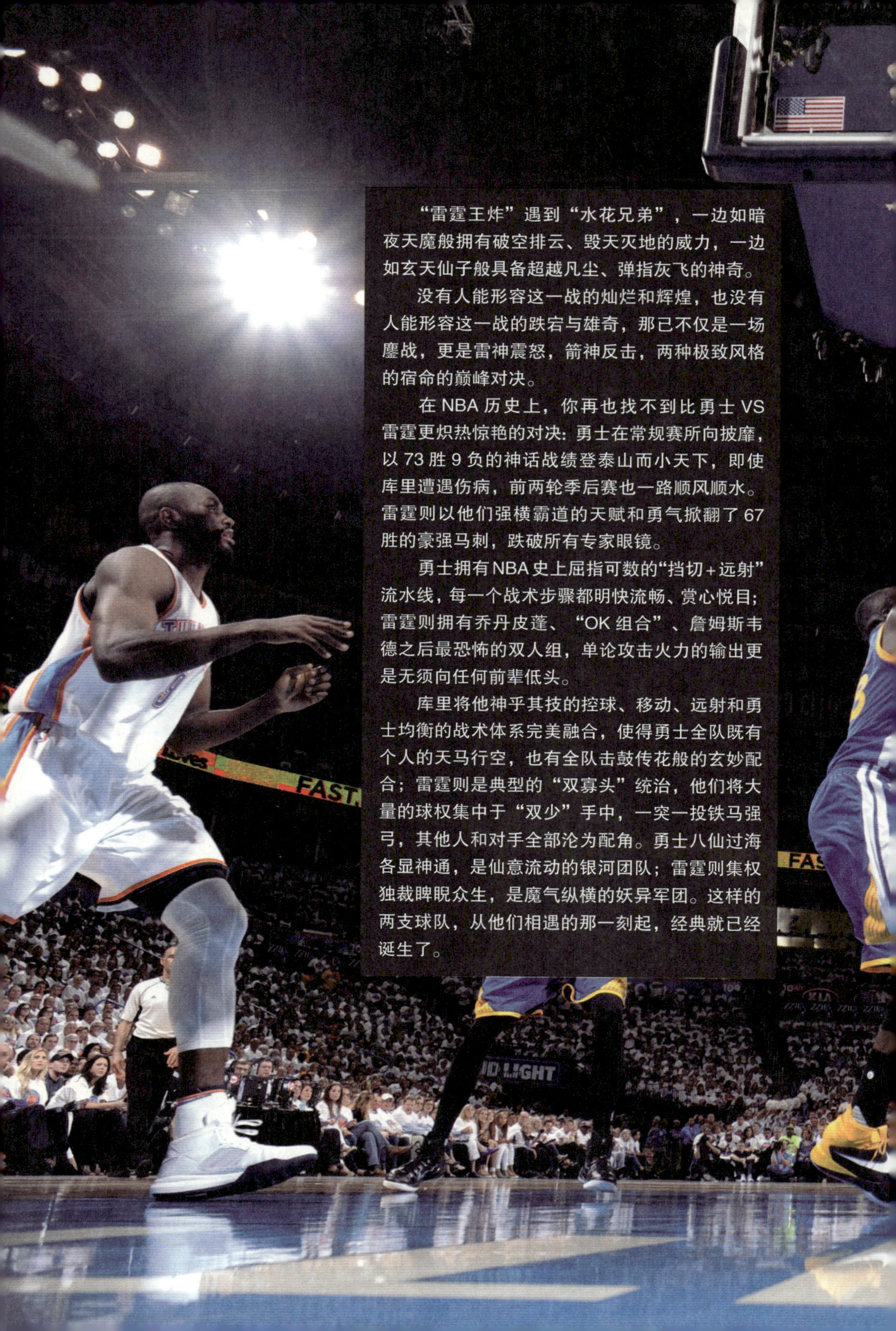

“雷霆王炸”遇到“水花兄弟”，一边如暗夜天魔般拥有破空排云、毁天灭地的威力，一边如玄天仙子般具备超越凡尘、弹指灰飞的神奇。

没有人能形容这一战的灿烂和辉煌，也没有人能形容这一战的跌宕与雄奇，那已不仅是一场鏖战，更是雷神震怒，箭神反击，两种极致风格的宿命的巅峰对决。

在 NBA 历史上，你再也找不到比勇士 VS 雷霆更炽热惊艳的对决：勇士在常规赛所向披靡，以 73 胜 9 负的神话战绩登泰山而小天下，即使库里遭遇伤病，前两轮季后赛也一路顺风顺水。雷霆则以他们强横霸道的天赋和勇气掀翻了 67 胜的豪强马刺，跌破所有专家眼镜。

勇士拥有NBA史上屈指可数的“挡切+远射”流水线，每一个战术步骤都明快流畅、赏心悦目；雷霆则拥有乔丹皮蓬、“OK 组合”、詹姆斯韦德之后最恐怖的双人组，单论攻击火力的输出更是无须向任何前辈低头。

库里将他神乎其技的控球、移动、远射和勇士均衡的战术体系完美融合，使得勇士全队既有个人的天马行空，也有全队击鼓传花般的玄妙配合；雷霆则是典型的“双寡头”统治，他们将大量的球权集中于“双少”手中，一突一投铁马强弓，其他人和对手全部沦为配角。勇士八仙过海各显神通，是仙意流动的银河团队；雷霆则集权独裁睥睨众生，是魔气纵横的妖异军团。这样的两支球队，从他们相遇的那一刻起，经典就已经诞生了。

NBA
ENERGY
35
FAST. CLEAN. FRIENDLY.
HOMELAND

第十二章
转战金州

01 KD

惊天抉择

2016/2017

2016年夏天是个疯狂的夏天，最大牌的自由球员非凯文·杜兰特莫属，雷霆在2015/2016赛季力克马刺，杀到西部决赛，并在西部决赛中和73胜的勇士大战七场，还曾经取得过3比1的领先，那是个了不起的赛季，如果冲着兄弟情谊，冲着雷霆的勃勃生机，杜兰特确实没有必要离开俄克拉荷马。

但雷霆管理层草率而匆忙的决定摧毁了杜兰特留下来的信心，他们交易了球队曾经的内线防守核心赛尔吉·伊巴卡。而伊巴卡状态的下滑，可能与2014年西部决赛奋勇带伤出战，与马刺恶战四场有关，而普雷斯蒂却没有留下刚果人，而是用他去换了魔术后卫奥拉迪波，这对杜兰特的离开，或许也是一剂催化剂。少了内线屏障，多了一个持球手，杜兰特是非走不可了。

俄克拉荷马雷霆的管理层并不是想象中那么讲人情味，当年就为了省600万美元而放走了詹姆斯·哈登，现在的哈登已经是全联盟数一数二的超级巨星，带领火箭打进过西部决赛。哈登不走，“雷霆三少”才是真正的完全体，2012年总决赛虽然失败，但他们的潜力已经让全联盟震惊。如果哈登还留在雷霆，趁着马刺转型、热火磨合的时机，雷霆说不定早就夺冠了，这是雷霆总经理普雷斯蒂生平最大的败笔之一。这位马刺系的总经理总是在选秀大会和培养年轻球员方面妙招迭出，但他在球队运营方面却缺乏远见，多次放走了未来的潜力股核心球员。不但放走了哈登，还曾放走了差点成为哈登第二的雷吉·杰克逊。

从建队理念来说，普雷斯蒂绝对是一个优秀的总经理，他的选秀眼光之老辣，培养新秀能力之强，甚至不在马刺管理层之下。这么多年，杜兰特、威斯布鲁克、伊巴卡、哈登、雷吉·杰克逊、亚当斯，都是他一手选出的宝贝，曾经的雷霆朝气蓬勃、天赋溢出、充满希望，人们总是在

2016年7月4日杜兰特选择以两年接近5430万美元的合同签约勇士，金州惊现旷世无匹的“四巨头”！过去三年，联盟常规赛MVP分别被杜兰特和库里包揽。过去7个赛季，两人一共拿到5个得分王。2015/2016赛季库里场均30.1分荣膺得分王，杜兰特场均28.2分排在第三。

能凑齐“四巨头”，还是当打之年，史无前例。

湖人两版“F4”，不论是马龙、佩顿、科比和奥尼尔，还是科比、纳什、加索尔和霍华德，都不全是在巅峰时期。而那时勇士的“四巨头”，年龄最大的库里也不过28岁。

说，他们的天赋天下第一，只是缺点战术素养，有朝一日，这群热血少年终会登上王座。但现实却如此惨淡，他的青年才俊一个一个风流云散，各奔东西，他们无法建立一个稳固持久的团队环境，他们只是长得和马刺 比较像，骨子里并没有学到马刺的运营理念。如果团队之间真的平等、和谐、信任，队友之间真的愿意为对方牺牲，那么是不会导致如今这个结果的。

最终，情谊和承诺，都敌不过对冠军的渴望，普雷斯蒂也只能感叹："我想说我们很失望，最开始我们都认为他能与我们并肩继续前进，可是事实并非如此。但我认为仍要感谢凯文过去为这支球队所做的一切，他曾经几乎就是这支球队甚至是这座城市的代名词。与此同时，在来到俄城这八年来我们所取得的成绩值得自豪，我们 4 次打进了分区决赛，而他（阿杜）是一个胜利贡献者。我们当然会希望阿杜能永远待在这里，但他有权做出对他来说更好的选择。"

但在被问及夏天去哪儿的时候，杜兰特却说："我关心的只有篮球，我会做出一个和篮球有关的决定。"这话听起来好生奇怪，令人无限猜测，就像勒布朗·詹姆斯之前的决定一样，谁也不知道杜兰特的"和篮球有关"到底是什么意思。

其实在 2015/2016 赛季中段的时候，凯文·杜兰特就曾吐槽，说他得到一个可以争夺总冠军的球队去，和他如今的"和篮球有关"，有着异曲同工之妙。

杜兰特对他的"篮球相关"进行了解释，他认为金钱和商业因素对他已经没有吸引力了："对于我将要效力的球队，我不关心别的，我关注的只是每天和我一起打球的队友是谁，对我来说这是最重要的，人总是希望听到自己在场下能够得到的市场和商业机会，但是我受到了上帝的眷顾，让我能够成为今天这样一个单纯的篮球运动员，并且为俄克拉荷马这座城市效力。我不关心商业广告，不关心诸如此类的，我只想打篮球。但是这样的事情伴随着篮球而来，在俄克拉荷马为雷霆效力我已经拥有了一切，所以这样的诱惑对我来说并不重要，我只关心我的队友是谁，每天我身边是些什么样的人。"

于是谁都知道，勇士是最合理最理智的选择了。

雷霆真的算不上是一支完美的球队，他们天赋溢出，但却始终找不到让所有人都参与比赛的团队战术体系，一直以来，他们就是靠着首发和"雷霆二少"的天赋与天下球队抗衡，偶尔不讲理的进攻和疯狂的活力拼劲能让他们乱拳打死老师傅，但只要遇上实力超群、战术体系完整的球队，往往后力不继，徒有最强天赋，却始终和冠军无缘。杜兰特和威斯布鲁克的组合，看起来无往不利，但却总是在关键时刻崩盘，这是雷霆一直以来的缺陷和痛点，历时多年也未曾有丝毫改变。这就不是战术体系的问题了，而是这两位超级巨星性情脾气虽然合得来，但技战术特点却完全不兼容，再怎么磨合下去，也不过是两位巨星轮流单打，不会产生 1+1>2 的效果，远不及马刺当年的“GDP”技术互补如鱼得水。

就冲这一点，杜兰特就不得不离开雷霆寻找新的赢球方式了。金州勇士除了在 2015/2016 赛季输掉总决赛之外，表现非常完美，豪取 73 胜，绝对算得上是全联盟最好的球队了。他们有全联盟最好的进攻体系，最强的三分球，最强的后场二人组，虽然总决赛中常规赛 MVP 疲态尽现，但不能因此否定他们整个赛季的成绩。那时，季后赛表现糟糕的巴恩斯已经离开，杜兰特填补上小前锋的空缺，他们迎来了一个终极版的“死亡五小”。从此之后，克莱·汤普森不需要去做那些勉强的持球单打，他们有了“死神”杜兰特，这位大杀四方的人物，他可以三分线外面对任何人干拔，可以强行一步突破，可以到篮下要位背身后仰跳投，这是勇士从未有过的强大个人进攻能力，大家想象一下，如果是斯蒂芬·库里和凯文·杜兰特在三分线外挡拆，那是一个什么情景？

斯蒂芬·库里说了，如果杜兰特来，如果杜兰特在勇士拿到 MVP，他会坐在前排为阿杜鼓掌的，所有人都很期待这样的场面。

每个人都有自己的人生，都该自己做出决定，你不能随随便便把这种跳槽转会上升到道德高度，因为这是 21 世纪，不是一千年前，这是商业行为，不是政治活动。俄克拉荷马官方都说了，杜兰特对雷霆全无亏欠，那个夏天，他是自由球员，自由球员当然是想去哪里就去哪里，谁也没有资格质疑他的决定。如果非要争个子丑寅卯，杜兰特也可以说：“和尚摸得，我摸不得？”东部的詹皇巅峰时期都决定了两次了，如今还不是光环满身，业界标杆？

这个世界赢家通吃，只要你能证明自己，多拿几个冠军，无论当年做了什么决定，到最后大家都只会记得你的光辉岁月。我们再从职场理念来考虑这个问题，一个才华横溢的优秀员工，在没有和原公司续签合同的情况下，去了当今世上最优秀的公司，何错之有啊？

02 KD

天作之合

2016—2017

杜兰特曾经说过，他是因为篮球的原因加盟金州勇士，他和斯蒂芬·库里神交已久，自认为更适合金州勇士的战术体系和人人都会传球、人人都会空切、流畅绚丽的进攻风格，当时我们就想象过，凯文·杜兰特、斯蒂芬·库里、克莱·汤普森三位无球进攻大师在场上，皮球只要运转起来，那真是美轮美奂。

勇士主教练史蒂夫·科尔就曾经夸下海口，他说："勇士能将杜兰特的能力发挥到极致！"而当家球星斯蒂芬·库里更是大度地说过："如果杜兰特获得下赛季的 MVP，我会坐在前排为他鼓掌的。"其实这两位的言论并不算夸张，这是有道理的，杜兰特球风高效，更适合在无球跑位中接球出手，那么他所搭配的控卫最好是那种既有着强大攻击力，又不占球权、视野极为开阔的选手，斯蒂芬·库里完美契合。

更重要的是，凯文·杜兰特加入勇士之后，他就是首发五虎中最强的持球攻击手，这将使他的战术地位大幅提升。在威斯布鲁克身边，他只是关键时刻的得分手之一，而在勇士，在库里身边，他就是关键时刻的不二选择。库里因为身高和对抗的问题，在季后赛和总决赛这样高强度的比赛中，必然会遭遇最强力的包夹防守，这在 2015/2016 赛季早已暴露无遗，那么如果身边有一个杜兰特可以持球进攻，那么库里的压力就会骤减，杜兰特也会更好地发挥自己的特长和才能。

随着赛季的深入，我们也真的发现，杜兰特是个天生勇士人，自从他加入勇士之后，整个勇士的进攻更加干净利落，甚至不需要斯蒂芬·库里去强行进攻，去打出多么逆天的表现，他只需要传传球，跑跑位，吸引一下防守，拉开空间，"死神"杜兰特会轻松解决战斗。杜兰特和 2015/2016 赛季的巴恩斯，那简直是天壤之别，勇士再也不用担心关键比赛中底角的投手 8 中 0，更不用担心库里被严防死守的时候，没有人站出来用强力的单打解决战斗。

凯文·杜兰特真心喜欢勇士的团队氛围和无私团结的战术体系。在金州勇士，杜兰特有了更多的进攻自主权，斯蒂芬·库里是一个更喜欢无球跑位、掩护队友进攻的超级巨星，所以更多时候，一对一单挑这种事情，都是交给凯文·杜兰特去解决。让库里和汤普森两翼拉开的时候，没有人敢放开“水花兄弟”包夹杜兰特。

杜兰特仰慕的是勇士人动、球动、团结无私的战术体系，欣赏的是勇士领袖斯蒂芬·库里超强的个人能力和出类拔萃的团队精神，杜兰特是为了总冠军来的。这里也确实是最适合他的团队，他打出职业生涯以来，最轻松最高效的赛场表现。不但如此，杜兰特还为勇士做出了巨大的改变，除了场均 25.1 分领跑全队外，杜兰特场均还能抢下 8.2 个篮板并送出 1.6 个盖帽，两项数据都是职业生涯新高。事实上在勇士，阿杜不仅是得分机器，同时也扮演护框者的角色。比赛中经常可以看到，杜兰特挥舞着自己的一双长臂，去努力盯防对方的内线长人，单场送出 6 次封盖，这就是杜兰特为了勇士所做出的改变。他场均能够拿下 25.1 分、8.2 个篮板、4.8 次助攻、1.6 个盖帽，完全成为勇士攻防两端的核心。

03

终极五小

2016—2017

勇士的新“死亡五小”也在杜兰特加入之后，提高到了一个新的境界，他们从赛季初的慢热状态走了出来，再次无往而不利，继续霸占着战绩榜首，也迎接着各路豪强的挑战，在圣诞大战一分惜败之后，他们憋着一股劲要再战骑士。

2017 年 1 月 13 日那场巅峰对决，被勇士打成了一边倒，半场轰下 78 分，屠杀对手 35 分，打得詹姆斯束手无策，欧文突破无路，乐福更是成了摆设。所以金州勇士只要认真点，没有他们无法击败的敌人。

而杜兰特几乎拿出了 MVP 赛季的强横心气，五次单防詹姆斯，只让他进了一个球，这样的防守威力，甚至不在蝉联最佳防守球员的伦纳德之下，也让詹姆斯感受到了少有的压力。最令全场喝彩的是第三节的一次攻防，詹姆斯野牛践踏一般地冲锋突破，放在平时根本无法阻挡，但杜兰特如影随形紧跟对手，就在詹姆斯过掉了所有人双手劈扣的时候，杜兰特腾空而起，单掌送出了一记遮天蔽日的“大火锅”，詹姆斯直接摔倒在地，半晌起不来。詹姆斯遭遇如此防守，职业生涯史上都极为罕见，由此可见杜兰特的斗志和决心。

从 2016 年 6 月到 2017 年 1 月，骑士给勇士带来了太多的屈辱，舆论也不利于创造了篮球新战术新理念的勇士，许多人都乐意见到库里和勇士的失败，更乐意见到杜兰特的失败，他们的压力，比当年“三巨头”抱团的詹姆斯都要大得多。开赛以来，勇士许多莫名其妙的失败也让勇士饱受批评，但大家忘了，他们依然是全联盟硬实力最强的球队，依旧是战绩第一的球队，杜兰特和库里依然是全联盟最强的得分手组合。当他们认真起来，咬牙切齿和你拼的时候，他们一定是全联盟综合实力最强、火力最凶猛的球队，等闲无法阻挡。新工业时代的战争机器一旦发动起来，那叫一个“根本停不下来”。

DUB LIG
DENVER
8
21
KIA

ORACLE
CENTRAL
CAVS
23

04 KD

兄弟再决

2016—2017

2015/2016 赛季季后赛击败小牛的时候，小牛队老板库班曾说："雷霆只有一个超级巨星，那就是杜兰特。"赛后采访的时候，杜兰特面对记者采访，直接爆粗口说库班是个白痴，谁都看得出来，他在为威少出气。由此可见，威少在他心目中地位之重，而威少也一直尊重杜兰特。

杜兰特如今依然在说："拉塞尔·威斯布鲁克是我的兄弟。"

我们相信这话是真的，因为自二人相识以来，杜兰特一直都在媒体面前处处维护威少，就在他拿 MVP 的 2014 年，他也当着全部媒体的面说："威少同样配得上这座 MVP 奖杯。"在所有人都在质疑威少的出手次数和进攻选择的时候，杜兰特依然站在威少一边，替他辩解，为他遮风挡雨，两人之间，的确曾经水乳交融，亲如兄弟。

然而九年后，物是人非，凯文·杜兰特离开了俄克拉荷马，为了篮球的原因，他去了全联盟最强的球队，去了西部决赛中击败过他的对手——金州勇士，和联盟第一控卫、二连 MVP 斯蒂芬·库里做队友去了。2016/2017 赛季第一次相逢，"雷霆二少"就要球场上见真章，到底是在威少身边更惬意，还是在库里身边更舒服，比赛中才能体现出来。

新军旧主将在一场比赛中分个高下，不由让我们想起了《上山采靡芜》这首古诗：

上山采蘼芜，下山逢故夫。

长跪问故夫，新人复何如？

新人虽完好，未若故人姝。

"得分"类相似，"突破"不相如。

同为控球后卫，威少和库里是两类完全不同的球员，库里温文尔雅，用智商去驱动技术动作，将聪明的跑位、灵巧的运球和无死角的投射结合起来，成就了 NBA 新一代无法防守的传奇。只要他过了半场，随时准备的制导导弹一样的三分球便扑面而来，他和杜兰特搭档之后，减少了自己的进攻次数和投射欲望，给了杜兰特更多掌控比赛的机会。然而这不代表 2015/2016 赛季那个毁天灭地的历史第一射手库里不会回来，2016 年 11 月 2 日对阵开拓者的第三节，库里就在毫无征兆中爆发，单节 23 分，轰杀了对手，

三节打卡下班。

威少打起球来如天雷勾地火，横冲直撞，一往无前，眼里没有队友和对手，只有篮筐和胜利，他的效率虽然不高，但在他强横的冲击下，少有球队能够限制住他生猛突击的脚步，一旦威少杀进来，一般都必须双人包夹，这就给雷霆的角色球员们创造了无数的空位投篮机会，也就是说，即便威少不善于组织进攻，他实际的传球效果也不会差，他是全联盟除了詹姆斯之外最全能的球员，50+ 和大三双就是这么来的。在杜兰特离开之后，威少简直进入了一个新的境界，他用一次次的 30+ 和大三双，以及赛季四连胜向世界宣布："你们看轻我了，我也是 MVP 级别的球员！"

2016 年 11 月 4 日，勇士和雷霆的第一次交手就证明了金州勇士果然是最适合杜兰特的团队，斯蒂芬·库里是最适合他的队友。那晚，所有人都围绕杜兰特跑战术，都为他做球，他是全场的核心。那场比赛，几乎每一次进攻，库里都在努力给杜兰特做球。

虽然在比赛前，杜兰特还说："威少永远都是我兄弟！"但如今各事其主，赛场上相见，那就是兄弟归兄弟，钢刀是钢刀了，不可能留什么情面的。

事实上， NBA 只是一个商业联盟，只是一个竞技体育联赛，球员的转会本就是正常商业运作。詹姆斯可以去热火，可以回骑士，杜兰特自然可以去勇士，谈不上什么忠诚和背叛，那都是球迷们不讲道理的角色扮演游戏，当不得真。

那场比赛，威少是憋着一股劲来的，雷霆挟四连胜联盟第一之威，杀向金州勇士，拉塞尔·威斯布鲁克也以场均 37+ 和大三双的场均数据直面勇士“四巨头”，俨然已经是联盟第一人的架势。第一节比赛，雷霆气势汹汹，威少的强横冲击和内线亚当斯的强打让勇士的防守顾此失彼，一直被压了一头。乃至于杜兰特也遭遇羞辱——格兰特接到威少助攻后在杜兰特脑袋上来了一记战斧劈扣。

但威少再强大，再无所不能，归根结底也是有血有肉的人，不是真正的变种超级英雄，刚不可久是永恒的道理，没有人是能够突破能量守恒定律的永动机。虽然他说过要把每一场比赛都当作生命中的最后一场比赛，但篮球比赛就是篮球比赛，不是光靠意志和血性可以打赢的，篮球是个动脑子、靠身体、讲技术、拼战术的综合体育运动，很靠战术体系和核心球员的智商和能力。

勇士的战术体系在第二节就发挥了可怕的作用，他们的连续挡拆和全队无球跑位，让杜兰特不断获得空位投篮和错位单打的机会。杜兰特在被格兰特隔扣之后，整个人都激发出了“死神”状态，这一下，就像打开了潘多拉魔盒的盖子，整个雷霆都只能目睹杜兰特无所不能的 MVP 级别的表演——例无虚发的三分球，稳扎稳打的翻身跳投，柔顺流畅如后卫的运球过人，引爆全场的双手暴扣，他把全场另外九个人，都打成了围观群众。杜兰特半场 17 投 11 中，火力全开砍下了 29 分 ，也帮勇士领先雷霆 20 分以上。

库里压抑进攻欲望，全力配合杜兰特的表演，展示了自己为什么是比威少更适合杜兰特的队友。他在底线做了两次电梯门配合，闪电般的无球移动，加上队友心有灵犀的配合，使他两次在掩护下完成了高难度后仰漂移三分，

这是个人绝技和高水平进攻体系的完美结合，不服不行。

杜兰特进入了一个完美的团队篮球氛围，威少依旧一如既往，像九年来一贯的那样横冲直撞，强行出手，虽然单枪匹马砍瓜切菜看起来让人拍手称快，就像当年孤胆英雄艾弗森、科比那样令人热血沸腾。但对于篮球运动而言，马刺和勇士的团队篮球模式还是更让人佩服，因为这样，才能让每一个人的能力最大化，用自己各位置的优势去击败对手，不是以卵击石，也不是针尖对麦芒，而是以上驷对下驷，泰山压卵，彻底击垮对手。

最终，杜兰特轻松砍下 39 分、7 个篮板，三分球 11 投 7 中；库里轻松砍下 21 分、7 次助攻，双双三节打卡下班，第四节俩人坐在板凳席言笑晏晏，威少执着打铁 15 投 4 中，拿下 20 分、10 次助攻、6 次失误，勇士以 122 比 96 屠杀雷霆。

那场比赛最吸引人的还是“二少”之间的相爱相杀，在杜兰特大杀四方疯狂蹂躏雷霆防线的时候，威少从天而降，一巴掌扇飞了杜兰特的投篮，杜兰特回头看到是威少，一抹笑容瞬间浮上面庞。两个回合后，威少绞进内线时，杜兰特还了他一记大帽，兄弟情谊在，比赛不相饶，来吧，互相伤害吧。

比赛结束后，杜兰特依旧像从前那样迎上去想要拥抱他的兄弟，但威少转身离去，留给他一地落寞。

有道是——

重过阊门万事非，同来何事不同归？梧桐半死清霜后，头白鸳鸯失伴飞。

05 KD

让篮球作证

2016—2017

杜兰特离开雷霆选择勇士，的确是因为篮球的原因，他的技术特点，的确和勇士的战术体系是天作之合，库里不是占着球权的控卫，克莱更是一个纯粹的无球攻击手，杜兰特在这支球队，分分钟都可以找到攻击机会和防守空隙。勇士继承自马刺的那套“根本停不下来”的进攻体系，刚好可以完美匹配杜兰特的篮球技术特点。

2016/2017 赛季转投勇士，杜兰特以场均 55.6% 的命中率砍下 28.5 分，恢复 MVP 风采，无论是无球进攻还是持球单打，他都如神锋所向，无往不利。杜兰特说过，他是因为篮球的原因加盟金州勇士的，他喜欢勇士的团队氛围和无私团结的战术体系。在金州勇士，杜兰特有了更多的进攻自主权，库里是一个更喜欢掩护队友进攻的超级巨星，所以更多时候，一对一单挑这种事情，都是交给杜兰特去解决。

随着杜兰特的无缝契入，原本就空前强大的勇士战车更加完美，尤其在进攻端的表现，以前叱咤风云的“水花兄弟”强势升级，成为横扫联盟的“海啸兄弟”。

2016 年虽然与总冠军失之交臂，但单赛季合计 678 记三分球，率队拿下创历史的 73 胜，“水花兄弟”已威震联盟。然而随着杜兰特的加盟，人们意识到恐怖的事情即将到来。阵中虽然大牌云集，但人人无私，打的是共同分享的团队篮球。

于是，库里、杜兰特、汤普森三大联盟的顶级得分手，彼此成就出最好的自己。库里单场投中 13 记三分球，克莱三节狂揽 60 分，杜兰特打出最高效率。这个历史最强攻击火力的三人组合场均贡献 72 分，正式向世人宣告：水花升级，海啸来袭！

勇士在 2016/2017 赛季场均送出了 30.4 次助攻，创造历史之最，仅次于那支“SHOW TIME”时代的传奇湖人（31.4 次）。当我们还在惊叹他们震古烁今的进攻火力时，他们的防守效率也已悄然升至榜首。更为恐怖的是，他们似乎还未尽全力，这样一支在攻防两端都霸占榜首的勇士，可能比以前的任何一支豪强都要恐怖。

2017 年 1 月 20 日，勇士再战雷霆，这是两队在 2016/2017 赛季的第二次交锋，杜兰特在此战拿到全场最高的 40 分，勇士主场以 121 比 100 大胜雷霆。杜兰特在勇士的体系中简直不可阻挡，他全场 16 投 13 中，共得到 40 分、12 个篮板、4 次助攻和 3 个盖帽。

杜兰特再次战胜了老东家，但令他伤心的是，威少和上次一样对他不理不睬，似乎

真的找不回当年水乳交融的情谊了。“二少”之间终归会恢复关系，不过可能需要很长一段时间，毕竟心理上的创伤并没有这么容易愈合。NBA 就是一个商业联盟，不排除其中有着真的友情和义气，但这一切都要考虑现实利益，有些事情不像球迷想象的那么完美。NBA 不是武侠小说，也不是热血漫画，情比金坚如马刺的“GDP”尚且不能同时退役，“活塞五虎”尚且会分崩离析，你又何苦去要求“雷霆二少”一辈子在一起？

杜兰特为了一个篮球的终极梦想来到金州勇士，他学习着当今联盟最先进的团队进攻，他融入了一个气氛最融洽的团队体系，他和斯蒂芬·库里互相崇拜着对方。这里让他如鱼得水，那些在雷霆无法实现的战术，在这里可以一一验证。

朝闻道，夕死无悔，不断学习，不断提高自己，是一个优秀篮球运动员永远的目标。而赢得胜利，赢得总冠军，更是一个超级巨星毕生的追求，杜兰特是一个拿过 MVP 的球员，是一个四届得分王，该有的个人荣誉，他早就得到了，该有的名气和地位，他也早已体验过。莫愁前路无知己，天下谁人不识君。他想要的，是和自己喜爱的球星一起，和自己憧憬已久的团队一起，去赢得奥布莱恩杯。加盟勇士，和库里、汤普森并肩作战，是他职业生涯中最大的机遇，也是最大的挑战。

CHAMPS
THE NATIONAL BASKETBALL ASSOCIATION PRESENTS:
2018
BACK 2 BACK
CHAMPIONS
CHAMPIONS
GOLDEN STATE WARRIORS

第十三章

王者归位

凯 文 · 杜 兰 特 传

01

缘分前定

2016—2017

杜兰特 10 岁的时候就认识斯蒂芬·库里了，那时候他还以为库里是个白人小孩。杜兰特从小在黑人社区的贫民窟长大，从未见过库里这种浅肤色的小孩。那时候，他正在打 AAU 联盟的巡回赛，库里正是他的对手。

“当时我差不多是 10 岁吧，我们的 AAU 球队正好去夏洛特打比赛，我还以为他是白人。”杜兰特回忆往事时说，“但是当时我所在的那个地方，就是胡德市，在那里，我们可没见过这样的情况，我们的周围都没有这种浅肤色的家伙。”

是的，不光是肤色，这两位从出身到家境，到成长环境，都完全不同，唯一相同的，就是对篮球与生俱来的天赋和情感。10 岁的杜兰特走进球馆的时候，看到同岁的库里正在中场练超远距离投篮，次次箭中靶心，杜兰特一开始没有把这种杂耍看在眼里，根据他所接受的严格的篮球理念，这都是没啥用的小花招。但是一交手，杜兰特就知道自己错了，这个浅肤色的小子有魔力，他命中了一个又一个投篮，没完没了，砍下了 35 分，看得所有人目瞪口呆。

“我走进训练房，看到这个家伙正站在半场附近练习跳投，”杜兰特回忆道，“命中，又命中。而当我们和他们交手时，他好像砍了 35 分，而且他只有 10 岁的样子，当时我就觉得，这人是谁啊？然后 10 年过后，大家都知道他是谁了——斯蒂芬·库里。”

库里的童年比杜兰特的顺利，他有着出色的父母、富足的家庭、良好的教育。但库里的篮球之路却比杜兰特坎坷，杜兰特身高臂长，运动能力出色，身上有着看得见的

天赋，而库里却显得太文弱，与 NBA 的对抗氛围显得格格不入，他的高中、大学生涯虽有挫折，但最终还是名动天下，引得詹姆斯都去看他打球，但在NBA，那若有若无的“歧视”和偏见，一直伴随着他。在和杜兰特联手之前，他虽然拿到了 NBA 总冠军、两连 MVP、得分王、抢断王、破历史纪录的 402 个单赛季三分球、常规赛震古烁今的 73 胜，该有的他都有了，但他只是带伤输掉了 2016 年夏天的总决赛，那些质疑声就又回来了。

杜兰特能够带来金州勇士没有的东西，让史蒂夫·科尔在传切配合之外，在库里之外，找到一个可以随时随地一对一解决战斗的进攻怪物，这就是杜兰特的价值。他在来到勇士之前，虽然是四届得分王、一届常规赛 MVP，被誉为詹姆斯最强大的敌人，但他并没有拿到过总冠军，在 2012 年总决赛之旅后，再也未能百尺竿头更进一步。

杜兰特需要改变，就必须离开“雷霆二少”的那个熟悉环境，去追求一些更新的东西。他是为了追求更先进的篮球理念才来到金州，来到库里和科尔身边的。“雷霆二少”的“王炸”震动联盟，曾经把 73 胜的勇士逼入绝境，但最终还是未能获得胜利，杜兰特觉得，勇士那里，有他一生追求的东西。作为一位“球痴”，看到人动球动，每个人都跑动空切，进球如行云流水，得分如庖丁解牛，没有什么比这更令人着迷的事情了。

杜兰特小时候就说过：“我要做一个团队球员。”现在他有这个机会了。

当杜兰特放下一切去勇士时，全世界都在口诛笔伐，唯独库里表示欢迎之至，他说：“如果凯文在勇士拿到 MVP 的话，我会坐在前排为他鼓掌。”后来，他说到做到。

02

勇士的王牌

2016—2017

时间过得很快，一转眼，2016/2017 赛季就这样结束了。

2016/2017 赛季，库里依然轰下了单赛季 301 个三分球，第一名还是他自己，但比之上赛季逆天的 402 记三分球命中而言，还是略显不足。而杜兰特加入金州勇士之后，场均 25.1 分、8.2 个篮板、4.8 次助攻和 1.6 个盖帽的全能数据虽然依然优秀，但比之四届得分王时期还是稍显不足。库里与杜兰特在常规赛都未尽全力，常规赛 MVP 并不是

他们追求的目标，他们均已夺过此项荣誉，他们的终极目标是总冠军。

常规赛 MVP 落入了斩获赛季大三双的威斯布鲁克的口袋，在杜兰特离去之后，我们猜到了威少爆发，但未能猜到他居然会打出这么一个光辉夺目的 MVP 赛季。他轰下了单赛季 42 次三双，场均得到 31.6 分、10.7 个篮板和 10.4 次助攻。

有了杜兰特，勇士的打法也改变了，史蒂夫・科尔其实变得保守了，他在常规赛甚至刻意压制了库里的进攻欲望和持球时间，让杜兰特更多地参与到进攻中去，让杜兰特和库里建立起新的体系。所以我们会看到，本赛季勇士两大核心的数据不再像上一年那么爆炸了，虽然勇士半赛季也拿下了 66 胜，但科尔并没有刻意冲着战绩去努力。

赛季初的库里是做出了战术上的重大牺牲的，他为了让杜兰特尽快融入勇士的战术体系，放弃了勇士的进攻主导权，开始无球跑位，让杜兰特和格林轮流持球。在磨合期，勇士的战绩和库里的数据都不像上赛季那么好看，但他们保持了一个极高的底线，这个底线，即便别的球队再努力，也很难达到。库里并不像许多人所说的那样，巅峰已过，而是收敛了自己的才华和进攻欲望，先成全队友和团队，再去考虑其他的事情，为了胜利和季后赛的未来，他根本没有考虑过个人的荣誉和数据，更不要说 MVP 这样的头衔。

但库里的收敛，以及科尔赛季初对库里的约束，不是没有道理的，因为这让库里在常规赛节约了体力，将状态保留到了季后赛开始之前。到了刺刀见红的季后赛之中，养精蓄锐已久的勇士将更加可怕，而多了杜兰特这个不需要战术支持的单打王牌，勇士也彻底解决了以前强攻无力的问题。所以科尔不是示弱，也不是保守，而是后发制人。

在 2017 年季后赛，杜兰特和库里的外线组合几乎取代了勇士长久以来的“水花兄弟”组合，打出了极为精彩的表现——季后赛 12 连胜，横扫三轮对手。库里持球的时候，杜兰特无球空切，将他的高效发挥到了极致；杜兰特持球的时候，他可以面对任何人进行肆无忌惮的单打独斗，这是一个兼容两种战术的体系，西部无人能够限制。

季后赛中，库里、杜兰特、汤普森、格林和伊戈达拉组成的“死亡五小”，似乎才是勇士真正的最终“大杀器”，去掉了常规赛时期的那些磕磕绊绊和犹豫滞涩，变得行云流水、一气呵成。杜兰特的到来，并不是等于库里乘以 2，而是为勇士上了一道最佳保险，把勇士季后赛所能承受的所有意外风险降到了最低，他们可以随时把任何一个核心持球单打手、组织核心放在场上，永远都不会出现场上攻防崩盘的状况，永远都不会失去攻击力，永远都不会失去球队战术核心，这就是杜兰特给勇士带来的底气。

03 ~~~

巅峰的对撼

2016—2017

2017 年总决赛，勇士和骑士第三次在总决赛会面，三年内没有人比他们更了解彼此了。詹姆斯和库里都等这一天等了很久，这是第三次“阿克伦之子”之间的战争（库里和詹姆斯都出生在阿克伦），这也是杜兰特和詹姆斯之间的第二次总决赛战争。

五年前，2012 年，杜兰特就曾和詹姆斯在总决赛一决高下，那时候是“雷霆三少”VS“热火三巨头”，失利后杜兰特痛哭流涕。2016 年，库里带伤大战詹姆斯，在以 3 比 1 领先的情况下被逆袭翻盘，眼睁睁看着欧文以一记绝命三分球带走了奥布莱恩杯，库里和汤普森在更衣室埋头不语，久久不愿离去。现在，库里和杜兰特站到了一起，他们作为挑战者，直面曾经的联盟第一人和上届冠军。

2016/2017 赛季，勇士拿出通天的魄力和手段，吃下了雷霆核心——联盟前三的超级巨星杜兰特，要给他们的“死亡五小”战术体系再加上一道坚不可摧的保险，有了杜兰特这样联盟数一数二的单打手，再也不会有人肆无忌惮地包夹库里了。

杜兰特和库里带队，一路轻取对手，杀到了西部决赛。在西部决赛中，勇士颇为幸运，马刺由于伤病折损了托尼·帕克，又在西部决赛第一战中因为帕楚利亚不当的防守动作使得当家第一球星伦纳德受伤。面对伤兵满营、战术体系崩溃的马刺，勇士兵不血刃地横扫了对手。骑士在东部也遇到了同样的情况，凯尔特人当家球星“小刺客”托马斯同样受伤，季后赛报销，骑士以 4 比 1 击败对手，同样没有遇到更多的消耗战，这一次双方阵容齐整，主力球星状态正佳，将打出一个最精彩最公平的系列赛。

这是金州勇士与克利夫兰骑士三年间第三次总决赛会盟，但这一回勇士那边的阵容和打法却有所不同，前两回可以完全看作詹姆斯和库里两位“阿克伦之子”之间的战争，第一控卫对战最全能的小前锋，互有胜负，这一回，库里身边有了杜兰特。要知道，杜兰特是硬实力排在联盟前三的人物，一对一就算是伦纳德也无法限制的得分怪物，他将是詹皇的真正劲敌。

总决赛第一场，开场时便相当有观赏性，库里发边线球，一记跨越半场的长传，穿透了三人防守，直塞右侧边线的杜兰特，几乎所有人都被骗了，除了油漆区里的詹姆斯之外，他拼命扑上来，杜兰特轻松做了个向左移动的假动作，詹姆斯下意识往左手边扑

35
WARRIORS
Light
SPALDING
Finals

过去，杜兰特直接一个顺步突破，杀入空无一人的禁区。

詹姆斯意识到中招，想要刹住重心反扑回来，但巨大的惯性让他滑倒在地，杜兰特踩着梯云纵一般飞腾而起，单手劈扣，背后的詹皇望着篮筐一脸失落——这可能是本场比赛的缩影。开始的时候，双方拼尽全力相持住，杜兰特一个一个单打收拾掉所有防守者，终于骑士气力耗尽，关口一松，库里连续两个三分如电而至，打穿了铁桶阵，勇士以 113 比 91 击败骑士，比赛就此结束了。

总决赛第二场，杜兰特轰下 33 分、13 个篮板、6 次助攻、3 次抢断和 5 次封盖的全能数据，库里则狂砍 32 分、11 次助攻和 10 个篮板的大三双，此战不像是詹姆斯和杜兰特、库里的对决，倒像是库里和杜兰特之间的“暗战”，比比谁攻击力更强，谁更全能……

此战詹姆斯全场出战近 40 分钟 18 投 12 中，砍下 29 分、11 个篮板和 14 次助攻的准三双水平，他一改传球策动全队的常态，更多地个人单打，甚至连高难度后仰跳投都使了出来，然而这种对抗也就维持半场时间，比分还是一分一分被拉开，最终骑士以 113 比 132 不敌勇士，被打成了一边倒，痛失第二局。

总决赛第三场堪称精彩，勇士“海啸三兄弟”连番爆发，各自打出了自己的绝学，杜兰特单打无解，汤普森彻底复苏，库里三分球如追魂夺命一般，勇士人人空切、人人传球的团队篮球依旧潇洒写意。第三节，勇士突然哑火，防守也被打爆，反观骑士，二当家欧文如天神下凡，频频突破得分，令勇士一度落后 7 分。在末节还剩 45 秒时，勇士仍然落后两分，此时杜兰特宛如“死神”降临，化身无解杀器，带球推进前场，面对詹姆斯干拔三分命中，杀人诛心的同时，带领球队以 114 比 113 反超比分。

此战库里全场得到 26 分、6 次助攻和 13 个篮板，汤普森全场拿下 30 分和 6 个篮板，杜兰特轰出 31 分、9 个篮板和 4 次助攻；而骑士那边詹姆斯全场得到 39 分、11 个篮板和 9 次助攻，欧文轰出 38 分、6 个篮板和 3 次助攻。双方都打出了极高的水平，但骑士双拳难敌四手，多点开花的勇士继续赢球，最终以 118 比 113 力克骑士。

总决赛第四场詹姆斯砍下 31 分、11 次助攻，欧文独取 40 分，骑士靠着双人爆发扳回一场，虽然以 137 比 116 脆胜勇士，但倾“骑”所有的克利夫兰已是强弩之末。

2017 年 6 月 13 日，总决赛第五场，杜兰特接管了比赛，面对詹姆斯的爆发、欧文的单打、J.R. 史密斯贯穿三节的各种神仙球，杜兰特都一一给予回应，他和库里不同，他不需要任何空间，只要面对单防，他就能把球打进，他是金州勇士最后的撒手锏。

最终勇士以 129 比 120 击败骑士，以总比分 4 比 1 的战绩，时隔一年，再次捧得总冠军奖杯。而在这终极一战中，杜兰特轰下 39 分、6 个篮板和 5 次助攻，詹姆斯和骑士可以在进攻端和他对飙，但无论如何都无法在防守端限制他。

2017 年总决赛，杜兰特场均砍下 35.2 分、8 个篮板和 5.4 次助攻，命中率高达 56.6%，第五战更是轰出了 70% 的个人命中率，“死神”因“萌神”之助，挥舞着镰刀，彻底收割了总决赛。他也毫无争议地夺得总决赛 MVP，当杜兰特捧起拉塞尔杯时，他第一个去拥抱的便是库里，金州主场爆出了响彻天地的 MVP 呼声。KD 的笑容中含着泪水，五年前，他和威斯布鲁克第一次杀进总决赛的时候，是詹姆斯领衔的“热火三巨头”挡住了他的脚步，但这一切都找回来了。杜兰特成就了勇士，勇士也成就了杜兰特，总决赛的每一场比赛，杜兰特都成了全场的焦点，他每一次单打都面无表情，面对詹姆斯的防守，他一个一个把球打进，面对其他人防守，他更是将其“生吞活剥”，我们从未见过如此冷酷霸气的杜兰特。

这样的杜兰特，所向披靡。

04 KD

刀剑合璧

2016—2017

当勇士以4比1击败骑士，成功复仇，当杜兰特从萧华总裁手中接过拉塞尔杯的时候，他的笑容中含着泪水，杜兰特说："这是团队的努力！无论我赢还是输，我都认为我做了一个正确的决定！这里有伟大的球迷、队友、城市。我等不及要回到更衣室和队友庆祝。当我8岁的时候我就告诉我的妈妈，我要站在这个舞台上。"

骑士拿詹姆斯错位单打库里，而勇士就可以用杜兰特单打欺负任何人。詹姆斯由于过大的体重和日益沉重的脚步根本无法跟上他的步伐，不是一步就过，就是目送杜兰特冲进去暴扣。更可怕的是杜兰特居然经常后场运球一条龙直冲前场扣篮，而骑士居然无

一人可以延缓阻挠他的前进。

杜兰特为何能主宰总决赛？正如其他球队无法解决詹姆斯一样，骑士在前两场比赛中对杜兰特毫无办法。杜兰特如“死神”降临般的表现不仅有自身实力超群的原因，也在于他和勇士整个攻防体系产生了协同效应，相互加成。而最可怕的地方在于，杜兰特简直就是所向披靡，骑士不管如何变阵，对 KD 几乎没有丝毫影响。

杜兰特的进攻其实早已经炉火纯青、如入化境了，他本就是四届得分王，整个星球上最强的得分机器之一。他的能力和天赋本就不在任何人之下，包括勒布朗・詹姆斯。

他之所以能够纵横总决赛无人能敌，是因为他确实选对了篮球之路，选对了一个最适合他的队友。虽然“雷霆三少”兄弟情深，他和威少更是号称“联盟王炸”，所向披靡。但在 2017 年的季后赛和总决赛中明显能够发现，库里才是更适合他的“双核”。“库里效应”还在影响整个篮球场，只要这位看上去瘦弱白皙的控卫出现在半场，就会吸引对方重兵布防，这就让他的队友不是处于空位，就是处于错位单打的好时机。

杜兰特和库里是全联盟无球意识、无球技术最好的两位超级巨星，当他们互为掩护挡拆时堪称无解。无论是无球还是持球状态的库里，总能吸引一大波防守者，破坏对方的防线，在这种情况下，杜兰特永远都处于宽松的防守状态下，所以他能够轻松单打任何人而不遭遇包夹，他能轻快灵动地出现在球场的各个角落，空切、背打、三分、晃飞詹姆斯突破袭击篮筐、快攻一条龙暴扣，这就是伟大的库里给他创造的空间。

杜兰特以前不被看重的防守也在这个团队中发挥到了极致，在快节奏的攻防转换中，杜兰特的身高、臂展、敏捷性发挥了巨大的作用，他成了全队最强的协防大杀器，2016 年这个时候，巴恩斯真心做不到这种事情。

05 KD

死神的逆袭

2017—2018

2017 年 7 月 4 日，凯文·杜兰特和勇士达成续约协议，双方签订了一份两年 5300 万美元的合同。这是一份 1+1 合同，2018/2019 赛季设定为球员选项，他为勇士留住伊戈达拉和利文斯顿，甘心降薪约 900 万美元。

2017 年夏天的交易市场，简直是一场图穷匕见的军备竞赛，从各大强队，到各大巨星，都抛开了一切温情和道义，赤裸裸追求各自的最大利益，竞技体育和商业联盟的核心价值就在于此，没有对错，只有得失。

克里斯·保罗离开了他执掌多年的洛杉矶快船，去休斯敦火箭和哈登一起，向西部决赛和总冠军发起冲击。海沃德也离开守护多年的犹他爵士，去了东部的凯尔特人。而吉米·巴特勒也离开了公牛，去了西部的森林狼。雷霆得到了安东尼和保罗·乔治，也组成了“三巨头”。骑士和凯尔特人达成交易，用核心球员小托马斯、防守小前锋克劳德、潜力内线日日奇换来了东部第一控卫——凯里·欧文。

在 NBA 历史上，似乎还从未出现过如此大规模的王牌重组，也许是形势所迫，因为对于那些志在夺冠的劲旅而言，有一个横亘在夺冠道路上的大 BOSS——金州勇士。

在 2017/2018 赛季，他们的终极目标也只有一个，那就是击败勇士。

杜兰特可不是那么一个容易满足的人，一个冠军和总冠军 MVP 还满足不了他的饥渴感。2013 年 4 月，杜兰特接受《体育画报》采访的时候曾这样说过：“我这一生中一直都是第二，高中的时候我是全美第二好的球员，选秀的时候我是二号秀，MVP 投票中我三次都是第二名，总决赛里我还是第二。我已经受够了当第二的日子。”

2014 年他常规赛击败詹姆斯拿下了常规赛 MVP，2017 年他总决赛击败詹姆斯拿下了总决赛 MVP，这两场胜利，让他个人成就更上一层楼，但在公众舆论看来，詹姆斯依旧是联盟第一人，杜兰特的求索之路还远远没有到达终点。

2017/2018 赛季初期，杜兰特也曾一度冲到了 MVP 排行榜的首位。赛季初的勇士打得并不顺利，库里和格林都因伤缺席了很多场比赛，伴随着库里和格林因伤缺阵，杜兰特接管了勇士的一切，场均 33 分、10 个篮板、7.3 次助攻和 3.3 个盖帽，是他在库里缺席的三场比赛的场均数据。有杜兰特在，勇士依旧是睥睨一切的雄狮劲旅。

杜兰特带领着这支缺少库里和格林的勇士打出了一波连胜。2017 年 12 月 7 日对阵黄蜂的比赛，库里开始缺阵，一直到 12 月 31 日对阵灰熊的比赛才复出。在这期间的 11 场比赛中，杜兰特带领勇士取得了 9 胜 2 负的佳绩，表现不可谓不出色。

更出色的是杜兰特的防守，作为联盟数一数二的得分高手，杜兰特在防守端的表现可以说是统治级别的。在上半个赛季他的总封盖数排在联盟第一，场均封盖数排在联盟第四，更不要提那些看不到的协防数据和单防数据。

与骑士的圣诞大战中，杜兰特真正展现出自己在防守端的统治力，全场比赛杜兰特送出了 5 个盖帽和 2 次抢断。在比赛白热化阶段，他连续两次封锁住詹姆斯的进攻，第二回合更是送出了一次封盖。

2017 年 10 月 21 日，勇士客场以 128 比 120 战胜鹈鹕的比赛中，杜兰特送出 7 个盖帽，这也创造了他个人生涯单场盖帽的新纪录。2018 年 1 月 11 日，勇士在主场对阵快船，杜兰特 18 投 14 中得到 40 分，生涯常规赛总得分突破 20000 分，29 岁 103 天的他超越了科比成为史上第二年轻的“两万分先生”，仅次于 28 岁 17 天的詹姆斯。

谈到杜兰特究竟有多强，身为主教练的科尔瞬间化身为迷弟：“杜兰特是史上最有天赋的得分手之一，当球队手感不好时，他能站出来得分。基本属于无解，很多防守根本无法影响到他。” 金州勇士不是那么容易被限制住的，不但因为他们有库里这个历史级的超级射手，还因为他们拥有杜兰特这样的超级单打手。

06 KD

七尺青锋

2017—2018

2018 年洛杉矶全明星赛迎来空前变革，取消了以往的东西部对抗赛，取而代之的是两位（东西部票王）队长挑选球员组队对抗。詹姆斯成为东部队长，并作为总票王具有优先选择权，他毫不犹豫第一个就选择了杜兰特，足见他对于杜兰特能力的充分认可。

联盟中两大最强球员联袂做基石，果然确保詹姆斯队以 148 比 145 赢了库里队。杜兰特兵不血刃地拿下 19 分，并在第四节反击助攻威斯布鲁克打成“2+1”，之后杜兰特又在威少罚球时拍了一下对方的头，这温馨的一幕，将我们带回“雷霆双少”携手并肩的岁月。

2017/2018 赛季对于勇士而言祸不单行。最严重的时候四大巨星一起进入了伤病名单。密集的伤病一方面是运气不好，另一方面则是他们真的累了。在过去三个完整赛季里，

他们是联盟最累的球队，他们连续三季打出常规赛 67 场以上的胜场，连续三年打到总决赛两次夺冠。在这支勇士的核心成员中，杜兰特是唯一的新血液、生力军。在这种时候，必然需要他背负更多。事实上，杜兰特也是这样做的。每次库里缺阵，杜兰特都会立刻收起打卡模式开始暴走。他本赛季场均 26.4 分、6.8 个篮板、5.4 次助攻和 1.8 次封盖的数据堪称完美，而且你知道他远没有发挥全力。

勇士的确是最适合杜兰特的球队，完美的挡切体系创造了大量的空间，让杜兰特规避了不善于应对密集防守的弱点，尽情发挥自己的运动和投射才华。顺便将他升级成了一个小加内特，成为勇士防守端的最后壁垒。

常规赛结束前，我们觉得金州勇士本赛季也不过如此，他们伤病连绵，他们的攻击力下降，战绩也不如休斯敦火箭，但到了季后赛的时候，这一切更像是假象。

季后赛首轮，他们以 4 比 1 战胜缺少核心主将伦纳德的圣安东尼奥马刺，我们都以为这是因为马刺实力大幅下滑导致的。等到第二轮系列赛，勇士以 123 比 101 砍瓜切菜一样击败鹈鹕时，我们才发现，原来马刺是那么强大，可以在勇士手上赢得一场比赛是多么艰难。面对勇士，你躲得过库里那箭箭穿心的三分球，防得住克莱那暗星夜袭的闪击，却再也避不开“死神”那收割亡灵的镰刀。当 KD 如“死神”降临时，你知道那是他收割胜利的开始……库里决定着球队的上限，但杜兰特能够保证勇士极高的下限，哪怕库里被限制，哪怕汤普森找不到机会，KD 也能完全按照自己的方式，不需要配合，无须助攻，无视防守，去打进那些逆天的进球。

鹈鹕在第一轮的时候，几乎是以摧枯拉朽之势击败了波特兰开拓者，安东尼·戴维斯几乎无所不能，但在勇士的攻防节奏下，他根本无法发挥出自己的长处。有隆多在场的时候，他还能靠接球空切得分，但在隆多下场之后，“浓眉哥”持球自主进攻能力差的弱点完全暴露了出来，在勇士格林的盯防和杜兰特的夹击协防下，他不断失误，让勇士打出了风卷残云一样的反击。在和他对位的过程中，德拉蒙德·格林半场砍下 12 分、10 个篮板、8 次助攻、3 次抢断和 2 个盖帽。勇士上半场轰出了惊世骇俗的 76 分。在这场大胜中，杜兰特取得 26 分和 13 个篮板，格林拿到 16 分、15 个篮板、11 次助攻，他们轻松肢解了对手。

此后，鹈鹕节节败退，勇士连胜两个主场，以大比分 2 比 0 领先。第三战隆多和戴维斯的爆发让鹈鹕扳回一城。随后的两场比赛，勇士队一鼓作气全部赢下，从而以 4 比

1 的大比分战胜对手晋级西部决赛。

西部决赛中，杜兰特面对的是他当年的兄弟——当今的 MVP 球员詹姆斯·哈登，如今他和保罗一起，将休斯敦火箭带到了联盟榜首的地位，他们和勇士一样，同样是进攻实力超群的超级强队。这是一组火星撞地球的激情对决，双方将三分球快攻都演绎到了极致，火箭曾一度占领“天王山”、连续两胜勇士，也有三分球连续 27 投不中的尴尬表现。反观勇士，库里、汤普森、格林都相继发挥失常，唯一稳定的，就是杜兰特。

他宛如背临悬崖的绝境“死神”，擎起长枪，面对虎狼火箭，发起最后的反击。他七场比赛鲜有失手，共计得到 213 分，创下 NBA 历史西部决赛个人得分新高。

2018 年 5 月 29 日，抢七大战，勇士以 101 比 92 的比分客场击败火箭，以总比分 4 比 3 晋级总决赛。杜兰特此役 21 投 11 中，拿下全场最高的 34 分。

虽然有人认为保罗受伤成为“火勇西决”的胜负手，但勇士能够战胜阵容满员的火箭，正是因为金州阵中有杜兰特，一位全天候无死角的王牌得分手，也是当今联盟（甚至放置 NBA 历史中）的第一单打王牌！就得分而言，没有谁能单防限制住他。尤其在阵地攻坚战陷入僵局时，他能利用中投、三分、上篮等任意一招，便可以瓦解对手。

2018 年季后赛之旅，勇士除了在火箭面前遭遇麻烦之外，摧枯拉朽地解决了西部的其他对手们。战胜火箭后，勇士的上限到底在哪里，可能在当今的 NBA，已经没有一个势均力敌的对手可以让我们见识到。

07 KD

死神再临

2017—2018

2018 年总决赛，冤家路窄，他们再次遇上了詹姆斯，这是勇士和骑士之间连续第四次总决赛之争，也是杜兰特和詹姆斯的第三次总决赛之争，真的有宿命的味道。

这次总决赛前两场，虽然詹姆斯有着曾砍下 51 分的恢宏壮举，怎奈勇士队多点开花。库里创总决赛纪录的 9 记三分球命中，克莱·汤普森的觉醒归来，让杜兰特几乎没有费什么力，勇士就轻松地以 2 比 0 取得领先。

难道 KD 这样韬光养晦的“掩杀”，就能“躺赢”总冠军？事实证明绝非如此！

2018 年总决赛第三场，风云突变，“水花兄弟”双双哑火，库里更是断崖式投出 10 中 1 的三分球。反观骑士，在詹姆斯的率领下疯狂反扑，大有在克利夫兰殊死一搏的气势。

次节，勇士开局进攻又开始哑火，詹姆斯突破跳投打出 6 比 0 的小高潮，虽然有杜兰特持续止血，但骑士仍以 50 比 37 领先 13 分。

这是勇士 2018 年总决赛最艰难的一战，危急时刻，又是杜兰特，“死神”再次归来。

他先是单挑乐福，直面防守投中三分球，又在第二节最后 57.9 秒，面对南斯犯规，自己几乎被推出场外的情况下打板抛投，神奇地打出了逆天的“2+1”。半场最后时刻，还是杜兰特迎着南斯的防守再次命中逆天三分球。第二节结束，杜兰特砍下 24 分、8 个篮板，以 70% 的命中率力挽狂澜，勇士仅以 52 比 58 落后 6 分。

第三节开始，杜兰特投中了第 4 记三分球，率队打出 9 比 3 的反击波，双方 61 平。之后，杜兰特一次跨场长传直接助攻格林上篮命中，一次面对詹姆斯再中三分球。翻身跳投、助攻、策应、三分球……勇士实现反超，杜兰特成了骑士的噩梦。

末节骑士再次反超。比赛最后 4 分钟，杜兰特一次左侧漂移滞空强吃乐福得手，让乐福无奈抱头叹息；比赛最后 49 秒，杜兰特迎着防守的一个超远三分命中，凭借这一球杀死比赛，复制了上一年总决赛神迹。勇士由此领先 6 分，锁定胜局。最终以 110 比 102 击败骑士，以总比分 3 比 0 夺得赛点。

此役杜兰特成为比赛最大功臣，他全场 23 投 15 中，三分球 9 投 6 中，贡献个人季后赛最高的 43 分、13 个篮板和 7 次助攻。虽然詹姆斯也砍下 33 分、11 次助攻和 10 个篮板，但面对挥舞镰刀收割比赛的无解“死神”，也唯有徒叹奈何。

这样惊天地泣鬼神的表演，就连 NBA 名宿巴克利也表示：“杜兰特今天的表现，是我所见过的季后赛最佳表现之一。”

2018 年 6 月 9 日，总决赛第四场，库里轰出了 7 记三分球，杜兰特在防守端完成 3 次封盖并轻取三双（20 分、12 个篮板、10 次助攻），勇士一波流带走了比赛。

在比赛还有 4 分 03 秒的时候，詹姆斯就被替换下场，全场鼓掌，勇士球员也走上前来与他击掌致意，这似乎昭示着一个时代的终结——骑士詹姆斯时代的终结。从 2007 年开始，到 2018 年结束，从风华正茂的詹姆斯被马刺横扫，到 33 岁的詹姆斯被金州勇士横扫，这似乎是冥冥中注定的轮回。11 年过去了，詹姆斯的对手依然是一台缜密机器；11 年过去了，詹姆斯从一个顶级突破型组织者、自我精进为全能型超级巨星。而这一次詹姆斯没有输，他赢得了包括对手在内的所有人的尊重。

勇士最终以 108 比 85 战胜骑士，以总比分 4 比 0 横扫老对手，卫冕总冠军。

鏖战结束，杜兰特再次接过了总冠军 MVP 奖杯和总决赛奖杯，这是超级巨星和团队篮球完美结合的伟大胜利，这一切，都来源于凯文·杜兰特和斯蒂芬·库里的天作之合。

杜兰特蝉联总决赛 MVP，金州勇士四年夺得三次总冠军，正在开启新王朝。

路漫漫其修远兮，吾将上下而求索。

2016 年夏天，杜兰特离开雷霆，一度曾被冠以“懦夫”“叛徒”的标签，一时间口诛笔伐，甚至被推到道德审判的边缘，但沉默如金的 KD 从没有辩解，他不屑于这样做，因为他的世界里只有篮球——为了追求篮球的真谛，探寻更深的境界、更高的突破，实现自我价值的更极致体现。

若我战死，勿埋我骨。死若星辰，生如朝露。

在白驹过隙的匆匆岁月中，八年雷霆无所突破，杜兰特已经没有时间挥霍，他选择勇士，唯有总冠军才能荡涤灵魂，重现光芒。

让篮球作证，让时间启航，我们无须揣测这位当今联盟中最凛冽的“寒锋”，我们只知道，唯有总冠军、唯有至尊荣耀，才能配得上杜兰特的伟大！

而如今，杜兰特已经两冠在手，坐拥两座拉塞尔奖杯（总决赛 MVP），但他依然虚怀若谷、谦冲内敛。2018 年夏天，他低调续约勇士，两年 6150 万美元，在动辄过亿合同满天飞的如今并不显眼，因为现在的杜兰特早已超越金钱的界定……

因为，杜兰特已拥有一颗睥睨天下的王者之心。

14
16
17
24
THE
勇士
35
BAY

第十四章
战至终章

01 KD

顺流逆流

2018—2019

光明与黑暗总是如影随形，在经历过了波澜壮阔的2017/2018赛季之后，杜兰特与勇士之间仿佛度过蜜月期，有些问题可见端倪。

在2018年总决赛的颁奖典礼上，当杜兰特举起总决赛MVP的奖杯，全场的欢呼声有些稀落，反倒是库里走上台前致辞时，MVP的呼喊声响彻整座球馆。没办法，金州这支勇士还是属于库里的球队，杜兰特终究是“外来客”。

2018/2019赛季开始一切平顺，杜兰特继续着“六月死神”的巅峰状态。2018年10月20日，杜兰特砍下38分，职业生涯总得分升至NBA历史第35位的同时，率领勇士在客场以124比123险胜爵士。10月23日对阵太阳，杜兰特总得分突破21000分大关。

10月27日，勇士在纽约麦迪逊广场花园以128比100大胜尼克斯，杜兰特24投17中，以极其高效的方式掠下41分，这也是他生涯第52次砍下40+。

勇士看似顺风顺水，实际上暗流涌动。他们想在2019年夏天留住杜兰特，不得不在格林和汤普森之间二选一。正是因为这种不确定性，让格林对于杜兰特心生嫌隙。

11月13日，勇士与快船，库里因伤缺阵。第四节最后6秒双方战成106平，此时格林拿球，他无视（急切要球）杜兰特的存在，自己持球快攻，导致失误。勇士被迫进入加时赛，杜兰特六犯离场，勇士最终失利。赛后杜兰特跟格林发生激烈争吵，双方互喷垃圾话。而格林那句“没有你之前，我们就是总冠军”深深地刺痛了杜兰特那颗骄傲而又敏锐的心，这也为他日后在总决赛强行复出、断腱之战以及出走篮网，埋下伏笔。

格林突如其来的“吵架门”，令杜兰特陷入尴尬的境地。而库里、格林的因伤缺阵，再一次将勇士陷入四连败的窘境。在绝境之时，杜兰特再次上演“死神归来”的戏码。

充分展现出“大杀器”的攻击力。他首先面对国王独砍44分，之后对阵魔术又豪取49分！11月30日，勇士对阵猛龙，杜兰特与伦纳德两大顶级小前锋展开对飙，杜兰特最终砍下51分，再度刷新自己在该赛季的得分新高。他连续三场拿到44分、49分、51分，总计拿到144分，成为继2007年科比后，首个完成如此壮举的球员。

库里在2018年12月2日复出，但勇士仍然在应付各种问题。他们的防守效率长期位列联盟中游，无法在面对强队时保持持续的统治力。他们不太稳定，会在客场复仇联盟第一雄鹿，也会在主场惨败给没有伦纳德的猛龙。

圣诞大战勇士输给湖人，在主场被哈登绝杀，这支卫冕之师似乎身心俱疲。

还好勇士拥有杜兰特，这位全天候、无死角的“死神之镰”几乎随时可以收割比赛。他拥有中锋级别的身高，却可以随心所欲地控制重心，他像前锋一样快，做出后卫般的大幅度变向动作，此外这家伙还拥有一个神射手级别的投篮手感。

他一旦融入当世最流畅的篮球体系，他又讲究团队和效率。每当比赛来到关键时刻，他就会像感知力无敌的死神一样，向鼓噪呐喊的对手挥舞起收割胜利的镰刀。

杜兰特对国王和小牛各有一记“客场消音器，主场噪音机”级别的三分球，之后他还继续杀伐。2018年12月23日，勇士在主场以120比116战胜独行侠，杜兰特砍下29分，并在最后时刻投入制胜三分球，用一剑封喉的闪亮表演为2018年收尾。

02

星光最盛

2018—2019

2019 年 1 月 25 日，杜兰特再度入选全明星首发阵容。这是继 2018 年改制后的第二次全明星赛盛会，由东西部票王分别挑人组队来对抗。西部票王詹姆斯因为票数最多率先挑人，他果断选中杜兰特，而东部票王“字母哥”阿德托昆博首选的是库里。

2019 年 2 月 18 日，NBA 全明星赛在夏洛特落下帷幕，最终詹姆斯队以 178 比 164 战胜字母哥队。杜兰特 15 投 10 中，三分球 9 投 6 中，得到 31 分、7 个篮板、2 次盖帽，荣膺全明星 MVP，这也是他继 2012 年之后，再次夺得此项殊荣。作为詹姆斯首选的巨星，杜兰特不负“皇恩”，率队实现大逆转，他成为“众星之王”可谓实至名归。

全明星的赛后，杜兰特再接再厉，一心想要在金州球迷面前证明自己。3 月 28 日，对阵灰熊，他贡献 28 分、9 个篮板、5 次助攻，命中率达到了惊人的 92.3%。

KIA
NBA
KIA
2019
NBA ALL★STAR GAME
MOST VALUABLE PLAYER

在杜兰特的强势表现之下，勇士逐渐回归正轨。2019 年 4 月 8 日主场大胜快船，让勇士提前两场锁定西部第一。虽然位列西部第一，但勇士的战绩排在东部的雄鹿和猛龙之后，这也为他们日后在总决赛舞台与东部冠军较量时留下隐患。

2018/2019 赛季勇士取得 57 胜 25 负的战绩，这样的表现对于“五星勇士”来说，只能算是中规中矩。他们场均得 117.7 分，位列联盟第二；助攻 29.4 次，排在联盟第一；这说明“五星勇士”的进攻依然是顶级，但场均失 111.2 分也让人触目惊心。

勇士不是以前那支无懈可击的王师，这在接下来跌跌撞撞的季后赛可见一斑。每到勇士危机的时刻，总能看到杜兰特有些悲怆的身影，显然他是带伤上阵、透支自己。

杜兰特包揽了前两届总决赛 MVP，然而世人对于他的质疑从未停息，杜兰特内心那股要证明自己的暗流始终涌动，这也为他后来仓促复出导致大伤埋下伏笔。

2018/2019 赛季，杜兰特场均得到 26 分、6.3 个篮板、5.9 次助攻，投篮命中率依然达到五成以上，保持极高的攻击效率。库里场均也能砍下 27.3 分、命中 5.1 记三分球。

“杜库组合”依然是联盟无解，他们的强大虽一定程度掩饰了勇士整体阵容的老化，但掩盖不了此起彼伏的伤病，这些伤病也成为勇士王朝两个月后轰然倒塌的根源。

03 KD

亮剑之殇

2018—2019

2019 年季后赛首轮，勇士对阵快船，志在三连冠的金州人并没有把这支星光暗淡的洛杉矶球队放在心上，然而他们却遇到了前所未遇的危机与困难。

2019 年 4 月 14 日，勇士以 121 比 104 轻取快船，拿下首场胜利。面对上届冠军勇士，快船的抵抗颇为强硬，首战失利之后，洛杉矶人在第二战落后 31 分的劣势上，奋起直追，最终以 135 比 131 击败勇士，实现惊天大逆转。这场比赛，身高 1.85 米的贝弗利宛如狂犬一样缠斗身高 2.08 米的杜兰特，扰得阿杜心浮气躁，最终杜兰特与贝弗利二人均 6 犯离场，这种“兑子战术”显然更有利于快船，让他们在奥克兰得以实现大逆转。

知耻而后勇。移师洛杉矶的勇士分别以 132 比 105、113 比 105 连胜快船两场，确立 3 比 1 的优势，杜兰特连砍超 30 分直接碾压贝弗利。勇士大比分 3 比 1 拿到赛点，胜利在望的勇士回到甲骨文球馆，2019 年 4 月 25 日双方展开第六战的较量。顽强的快船以 129 比 121 击败对手，将总比分追至 2 比 3。此战虽然杜兰特狂砍 45 分、6 个篮板、6 次

GOLDEN
35
WARRIORS
20
bumble
NBA

助攻，库里命中季后赛生涯的第 400 个三分球，却依然无法挽回球队的失利。

2019 年 4 月 27 日，季后赛首轮第六战在斯台普斯中心打响，此役对于志在卫冕的勇士不容有失。

杜兰特提前开启“六月死神”模式，比赛一开场就火力全开，上半场他 17 投 12 中，三分球 8 投 4 中，罚球 10 罚全中，半场独得 38 分，与查尔斯·巴克利并列为 NBA 季后赛半场得分历史第二名，排名历史第一的是埃里克·弗洛伊德（39 分）。

全场 26 投 15 中，杜兰特轰下个人季后赛新高的 50 分，此外还命中 6 记三分球，送出 6 个篮板、5 次助攻，率领勇士 129 比 110 大胜对手，以总比分 4 比 2 淘汰快船，挺进西部半决赛。

第六战结束，杜兰特与贝弗利相拥良久，整个系列赛都在互喷垃圾话的一对“仇敌”此刻就像道别的老友。

正是贝弗利用自己的强悍与血性才激发出最强的杜兰特，他也赢得了杜兰特的尊敬。

为了胜利，杜兰特提前进入“六月死神”模式，连续两场得分超 45 分，其表现震古烁今。正是他“死神”般狂舞镰刀，才收割了快船的“亡灵”，但也因为提前透支了自己的身体，埋下日后受伤的隐患。

勇士挺进西部半决赛，而他们的对手火箭已经开赴奥克兰，以逸待劳。

04 KD

意外伤退

2018—2019

2019年西部半决赛，火箭与勇士这对宿命之敌又一次狭路相逢。也许是休斯敦人休息的太久，反倒被奔波归来的勇士打了一个措手不及。金州人捍卫了主场尊严，第一场以104比100、第二场以115比109，连续两场力克火箭。

转战休斯敦，火箭反扑异常凶猛，以126比121、112比108击败勇士，连扳两城。

2019年5月9日，关键的“天王山之战”在奥克兰打响，双方战至第三节，此前大杀四方的杜兰特在一次投篮落地后，小腿受伤，不得不提前退场。

退场前杜兰特已经砍下22分，缺少这把“大杀器”，勇士面对强大的火箭陷入岌岌可危的险境，好在库里一人独砍16分，率队以104比99战胜强敌。虽然勇士主场获胜，但杜兰特右小腿拉伤，需要修养1—3周，将缺席剩下的西部半决赛以及西部决赛，这无疑给勇士的三连冠征途蒙上一层阴影。

缺少王牌得分手，库里与汤普森再现“水花兄弟”的风采，三分如雨、箭箭穿心，而格林宛如中枢“高能”分配器，运筹调度、盘活全局。勇士仿佛又回到2015年流畅华丽的潇洒之师，纵然没有杜兰特这柄“绝世杀器”的加持，也让哈登与保罗领衔的火箭难于招架。此后第六战，库里在下半场砍下33分，率领勇士以118比113战胜火箭，以总比分4比2淘汰火箭，晋级西部决赛。

接下来的西部决赛，勇士又以4比0横扫开拓者，挺进总决赛。

在没有杜兰特的六场比赛全胜，勇士太过顺利的战局让无数人心生质疑：“杜兰特对于勇士，真的很重要吗？如果没有杜兰特，勇士会更好吗？”

当杜兰特不在，勇士反而打得更加流畅，“水花兄弟”轮番开火，格林也找回了外线的手感并承担起策应的重任，甚至连伊戈达拉都老树开花，偶有精彩表现。

人们都私下里嘀咕着，也许杜兰特并没有看上去那么重要。而这些声音，显然都已经传入了杜兰特的耳朵里……

35
WARRIORS
TUCKER
17
HARDEN
13

05 KD

英雄断腱

2018—2019

2019年总决赛，没有杜兰特的勇士面对伦纳德率领的猛龙，显得力不从心。勇士先失一阵后，在第二战中艰难取胜。第三战移师奥克兰甲骨文球馆，克莱·汤普森伤退，尽管库里砍下47分，但依然无法率领勇士取胜。接下来第四战，猛龙在甲骨文球馆再胜一场。带着1比3的比分再回多伦多，勇士夺取三连冠看起来希望渺茫。

“没有杜兰特的勇士会更好”这样的问题已销声匿迹，猛龙用强悍的狙击，让所有人都怀念起关键时刻能挺身而出无差别打击对手，并收割比赛胜利的“死神”。

第五战开始前，希望杜兰特复出的声音已无比迫切，勇士的教练组与管理层终于认清了现实：没有杜兰特的勇士，没有把握对抗来势汹汹的猛龙，已到了崩溃的边缘。

杜兰特成为勇士最后一张王牌。他们已经四年夺得三冠，并已蝉联两届总冠军，如果再夺下此冠，那么三连冠勇士将建立21世纪最伟大的王朝。自从湖人在本世纪初取得三连冠的壮举之后，NBA中再没有任何球队能触及这层境界。

王朝就在眼前，触手可及，有种强大的力量驱使着杜兰特赌上自己的一切，来搏一下总冠军。同样驱动杜兰特回到赛场的还有那颗骄傲而敏锐的心。

虽然杜兰特来到勇士已夺得两届总冠军并荣膺两个总决赛MVP，但质疑之声从未平息过：“加盟一支击败自己的球队”“没有你之前，我们就是冠军”“打不过就加入”……杜兰特觉得在勇士始终都没有得到应有的尊重，所以他要不惜一切来证明自己。

2019年6月11日，第五场比赛开始之前，金州官方宣布：“经大家研究一致决定，杜兰特将参加这场比赛。”消息一出引起一片迷惑。杜兰特是否伤愈？为什么球员的复出不是由队医判定，反而是协商研究呢？

为了三连冠大业，杜兰特决定火线复出。他一登场便连续命中三分球，实现对猛龙的火力压制，扭转彼此的态势。然而，接下来上演了总决赛史上最为异常与悲壮的一幕。

第二节还剩9分钟时，已砍下11分、三分球3投全中的杜兰特在未接触的情况下突然跌倒，他坐在场边紧捂着右脚脚踝，表情茫然，眼神里写满了无奈与落寞。

此后杜兰特在队医的搀扶下，步履蹒跚地离开赛场。在球员通道的门前，杜兰特仰天怒吒一声，道出英雄末路的无尽心酸与悲怆，令无数球迷为之心碎。

Rakuten
GOLDEN STATE
35
ANTA

杜兰特的伤情最终确诊为右腿跟腱断裂。永不服输、心思单纯的 KD，用极其悲壮的方式赌上一切，只为证明自己是位“勇士”，从此以后他与金州两不相欠。

虽然“死神”伤退，但杜兰特下场前还是帮助勇士取得领先 5 分的优势，仅凭着微弱优势，金州人固守到最后，最终以一分险胜猛龙。勇士为了杜兰特守住了这场胜利。

跟腱断裂中止了杜兰特的冒险之路，他用 11 分钟 11 分以及极其惨重的代价，向世界宣布，他为勇士贡献了一切。从此，天高地阔，一别两宽；从此，格林的聒噪、世人的质疑都可以无所萦怀，一切都风轻云淡。

跟腱断裂是足以令球员退役的大伤，不仅让杜兰特缺席了剩下的总决赛，还会让他缺席接下来的整个 2019/2020 赛季。而杜兰特的缺席，也让勇士卫冕的梦想破碎，最终总决赛，他们以 2 比 4 不敌猛龙，在一片唏嘘声中结束了 2018/2019 赛季的征程。

杜兰特跟腱断裂，令人扼腕叹息！

他原本可以避免这次大伤，如果总决赛不仓促复出的话，杜兰特精心修养，归来之后还是原来那个大杀四方、世所罕见的绝世武器，而如今他只能抚腱慨叹。

一个史诗级的巨星季后赛之旅到此戛然而止，未免太过残忍。2019 年季后赛，杜兰特打出巅峰水准，他场均砍下 34.2 分，投篮命中率和三分球命中率分别高达 51.3% 和 41.6%，并且职业生涯连续 40 场季后赛得分超过 20 分。在季后赛这个巨星的试金石上，杜兰特以其超凡脱俗的高效与稳定，步入历史级别的“大杀器”序列。

06 KD

挥别金州

2018—2019

跟腱断裂，无疑成为许多职业球员的梦魇。在 NBA 中，考辛斯、比卢普斯、布兰德等球星都深受其害，即便是强如科比，遭遇跟腱断裂后，也泯为众生。只有“人类电影精华”威尔金斯跟腱断裂，伤愈归来的首个赛季便场均砍下超 29 分，其神勇状态更胜往昔。虽然“人类电影精华”颇为励志，但只为孤证，并没有太多的说服力。所以，遭遇跟腱断裂的杜兰特，前途扑朔迷离。

6 月 13 日，杜兰特在纽约进行了跟腱修复手术，手术非常成功。

2019 年 6 月 27 日，杜兰特宣布将不执行球员选项，顶着巨大的伤病隐患，试水自由球员市场，一时之间，杜兰特和金州的过往恩怨甚嚣尘上。

从杜兰特加盟勇士的那一刻起，就面对着外界的滔天巨浪。杜兰特敏感的内心骤起波澜。好在库里、汤普森还有科尔，都给了杜兰特充分的支持，在这里用最纯粹的篮球以及冠军的荣耀，让杜兰特涤荡心灵的阴影。然而，杜兰特为这座城市带来两冠荣耀，他依然还是摆脱不了“外来户”的标签，无法真正地融入金州勇士之中。

杜兰特内心始终存在着那些的问题，并且无法逾越。2018 年 11 月 13 日，与格林之间那次“著名”的争吵事件成为导火索，让杜兰特萌生离去的念头。

2019 年 7 月，杜兰特宣布加盟布鲁克林篮网，签订 4 年 1.64 亿美元的顶薪合同，虽然跟腱断裂导致接下来的一个赛季不能上场，但即便是三年，杜兰特也值得这个身价，这一点篮网还是心知肚明。

杜兰特宣布不久，凯里·欧文也紧随其后，宣布加盟篮网，4 年 1.41 亿美元。

杜兰特渴望得到的尊重和认可，在那一刻被格林无情地摧毁，而之后的重建却遥遥无期。虽然勇士也奉上了价值不菲的合同，也表达出挽留之意，但杜兰特在金州始终无法愈合内心的伤口，也许离开金州东赴纽约，才是杜兰特彼时最好的解脱。

从 2016 年到 2019 年，三载金州岁月，两座奥布莱恩金杯，杜兰特为勇士奉献了血、泪、汗，他拖着一条断裂跟腱的腿，彻底打开心结。从此，不再亏欠任何人。

BKLYN
NETS
7
NETS

第十五章

转战篮网

01 KD

直面伤病

2019—2020

杜兰特遭遇了 NBA 球员最忌惮的伤病——跟腱断裂。能否战胜伤病、重返巅峰，还是一个未知数。但杜兰特顺利完成了跟腱修复手术，这是一个好的开端。

医学上跟腱断裂分为三级，杜兰特的整条跟腱已彻底断成两截，是最严重的那一级。跟腱是脚踝后方的一条大型肌腱，也是人体最大的肌腱。很多成名已久的运动员都遭遇过跟腱断裂，恢复效果大多不够理想，比如科比、刘翔、考辛斯等。据权威统计显示，从 20 世纪 80 年代至今，遭遇跟腱断裂的 18 名 NBA 球员中，有 7 名直接选择退役。

想要治愈这种伤病，必须经过手术缝合，而为了让术后的跟腱更加坚固，医生们也会采用自体移植的方式，将一部分人体腓肠肌的组织接入跟腱缝合部位，以保证跟腱更加牢固。显然这种手术方式非常痛苦，而杜兰特正在饱受这样的伤痛。跟腱是身体上最坚韧的韧带，当它重新修复时，必须要有充足的耐心。所以杜兰特整个复健之路走得无比艰辛与漫长。

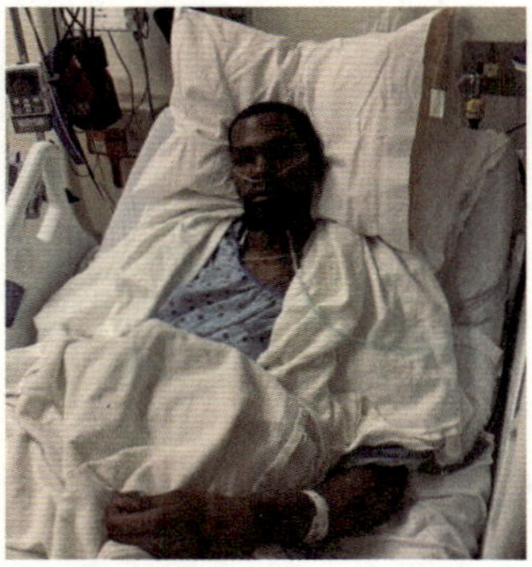

布鲁克林篮网在杜兰特前途未卜时奉上顶薪合约，他们相信杜兰特能走出伤病的阴影，并愿意承担一切风险，篮网的诚意最终打动了杜兰特。

关于杜兰特加盟篮网，有另一段伏笔：2019 年全明星赛，杜兰特和欧文亲密寒暄，半年之后，他们携手奔赴布鲁克林。杜兰特与欧文，堪称当今 NBA 中两位最擅长得分的球员。一位如大马长枪般长驱直入，视得分如平常；一位如流星蝴蝶般烂漫飞舞，攻篮筐似探囊……如果他们健康，东部已没有能与之比肩的组合了。但杜兰特的跟腱断裂令这对组合的联袂表演不得不推迟近一年时间。

杜兰特手术后，一开始甚至不能行走，必须借助踏板。术后两个月，杜兰特恢复神速，行走时已

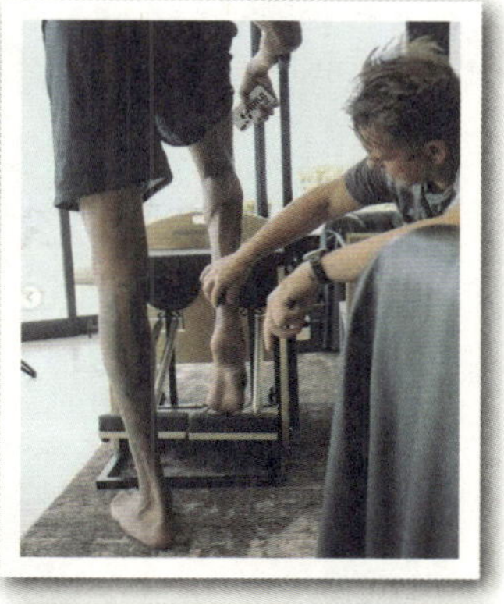

不用拐杖，甚至脱掉保护靴。之后不久他已经开始在水下慢跑，并开始做投篮练习。他积极进行各种康复训练，包括上肢力量的训练、平衡性训练。

杜兰特的跟腱恢复速度远超预期，这些得益于他的强劲体魄、积极训练以及如今先进的医疗条件。

杜兰特在推特上不断更新着自己的复健过程——从术后两个半月后，在泳池里的投球训练，再到坐在凳子上的举哑铃、练绳战，到终于脱去保护靴后，在自家后院里的原地运球。杜兰特乐观积极的态度感染了很多人，也同时向世人展示着，他在以惊人的速度恢复健康。

球迷通过杜兰特的账号也来体会恢复的艰辛。手术完成八个月后，杜兰特右小腿（跟腱断裂修复手术后）的肌肉萎缩依然那么明显。

布鲁克林有耐心等待杜兰特的归来，2019/2020 赛季本就不是他们的重点，疫情和球队尚未搭建完毕的架构，让他们给予了杜兰特充足的恢复时间。而布鲁克林对他温柔以待，也最终收获了丰盈的回报！

杜兰特加盟布鲁克林篮网，改穿 7 号战袍，没有沿用（从超音速到雷霆、再到勇士）一直身披的 35 号球衣。对此，他解释道：“我选择穿 7 号，是为了致敬我见过的最伟大运动员——C 罗。”众所周知，C 罗无论是在曼联、皇马、尤文图斯还是在葡萄牙国家队，都身披 7 号球衣。

此外换穿 7 号球衣，杜兰特还谈到了另一个原因——那就是“7”在圣经中代表着“完美”(Completion)。

虽然遭遇跟腱断裂，但杜兰特恢复得非常顺利。面对即将到来的新赛季，杜兰特有机会重返巅峰，因为他具备如下条件。

第一，篮球运动员一般都惯用右手投篮，因此左脚作为惯用脚的跟腱更加有力，更易受伤，更加难以康复。杜兰特的受伤是右脚跟腱，与当年的威尔金斯相同。威尔金斯是所有遭遇跟腱断裂的 NBA 球员里恢复得最好的一位。大伤归来，威尔金斯场均依旧可以砍下 29.9 分，其竞技状态更胜从前。

第二，杜兰特用简洁而又高效的跳投来得分，减少了运球与变向，将受伤后的影响降到了最低。

第三，杜兰特跟腱修复手术，采用了新的缝合技术和缝合材料，大大减少了断线的可能性。

此外，先进的康复技术缩短了杜兰特穿着防护靴的时间，这也最大程度地减小了肌肉萎缩的影响，为杜兰特术后恢复奠定了良好的基础。

02 KD

死神归来

2020—2021

2020 年 12 月 14 日，布鲁克林篮网与华盛顿奇才展开季前赛的交锋，杜兰特时隔 522 天终于再次踏上 NBA 的赛场，他小试牛刀，轻松砍下 15 分。

12 月 19 日，NBA 季前赛的收官之战，波士顿凯尔特人坐镇主场迎战布鲁克林篮网。

虽然遭遇跟腱断裂，但杜兰特丝毫看不出大伤的痕迹。他在第二节便奉献一记直插篮下的双手暴扣，随后又命中超远三分球，率领篮网瞬间将比分扩大为 21 分。

半场战罢，杜兰特 7 投 5 中，轻取 14 分、4 个篮板，那个熟悉的“死神”正悄然临近。

因为分差过大，杜兰特只出战三节，砍下 25 分。更令人欣喜的是，杜兰特显然完全没有被跟腱旧伤所累，追魂三分、惊雷暴扣、遮天大帽全都毫无保留、淋漓展现。

那个冷血如常的“死神”，在时隔近一年半之久，又满血归来！

2020 年 12 月 23 日，2020/2021 赛季拉开帷幕。杜兰特终于在正式比赛中迎来自己的篮网首秀。面对老东家勇士，杜兰特轻松得到 22 分、5 个篮板，率领篮网以 125 比 99

轻取对手，迎来赛季开门红。12 月 30 日，杜兰特面对黄蜂，再度轻松拿下 29 分。

时间来到 2021 年，1 月 13 日，杜兰特 18 投 12 中，轰下 34 分、9 个篮板、13 次助攻，在欧文缺阵，球队一度落后 24 分的劣势下，杜兰特单核率队逆转掘金。他的总得分也超越埃尔金·贝勒、韦德和丹特利三位名宿，升至 NBA 第 28 位。

1 月 15 日，震惊 NBA 的重磅交易达成，詹姆斯·哈登火线加盟篮网。昔日雷霆的三弟终于在布鲁克林与大哥相会，并带来“投名状”。

1 月 17 日，哈登在篮网的首秀就拿下 32 分、12 个篮板、14 次助攻，创 NBA 首秀 30+ 三双独一档的纪录，杜兰特也砍下赛季新高的 42 分，兄弟同心，率篮网以 122 比 115 击败魔术，末节二少更呈现华丽璀璨的“王炸”双打模式。

1 月 21 日，篮网“三巨头”终于凑到一起，杜兰特独砍 38 分、送出 4 记盖帽，欧文狂掠 37 分，哈登豪取 21 分、10 个篮板、12 次助攻的大三双。“三巨头”合砍 96 分，但篮网依然败给骑士，因为他们遇到了独砍 42 分、原地暴走的塞克斯顿。

1 月 24 日，“三巨头”率领篮网终于迎来胜利，杜兰特砍下 31 分、哈登得到 12 分、11 次助攻经济两双，欧文掠下 28 分，三人率队主场以 128 比 124 击败坚韧的热火。在巴克莱中心这个绽放之地，捍卫了篮网的尊严。

自此，杜兰特在 2020 /2021 赛季出战的前 17 场比赛

中，场均得到 30.8 分、7.5 个篮板和 5.2 次助攻，命中率高达 53.3%。大伤归来，他打出比之前更优质的表现，甚至可以与常规赛 MVP 赛季的他相提并论。年逾 32 岁，跟腱彻底断裂，伤愈归来的杜兰特震惊整个篮球界，“死神”归来、巅峰依旧的戏码足够震撼，也为其赢得全明星首轮票王的荣誉。

2021 年 2 月 1 日，篮网对阵奇才，昔日“雷霆三少”再次相聚，很遗憾三弟哈登没有出战。面对昔日的大哥，二弟威斯布鲁克表现神勇，砍下赛季新高的 41 分，并命中逆转乾坤的三分，率领奇才逆转篮网。大哥杜兰特空砍 37 分，篮网轰下 146 分，但他们大意失荆州！篮网最后发球遭马修斯抢断后助攻威少，后者命中绝杀三分！《三国演义》中刘备说“我二弟天下无敌”，如今在 NBA 的舞台得以印证。

2 月 14 日，篮网客场挑战勇士，杜兰特再回金州，虽然甲骨文球馆换成大通中心，但这里的球迷并没有忘记曾经属于他们的总决赛 MVP。球馆的大屏幕上播放着致敬 KD 的视频，杜兰特与库里相拥和寒暄，亦如当年，仿佛从未有分别过。

杜兰特再回金州，率“三巨头”叩关来战：哈登用 16 次神魔级助攻摧毁防线；欧文单骑奇袭、斩将夺缨；杜兰特轻舒猿臂，掠下 20 分，“三巨头”联袂率领篮网以 134 比 117 击败勇士。库里虽然得到 27 分，但“萌神”单核模式不足以率领勇士取胜。

03

征途跌宕

2020—2021

杜兰特渐入佳境，却在 2 月中旬遭遇左腿筋拉伤的困扰。因为此次伤病，杜兰特错过了亚特兰大全明星赛，不过杜兰特队依旧出现在全明星正赛与詹姆斯队展开对抗。

3 月 11 日，杜兰特确诊为 2 级腿筋撕裂，需要 8 周恢复期。杜兰特的受伤无疑极大地降低球队的攻守水准，志在争冠的篮网也失去了常规赛冲击东部榜首的硬实力。

杜兰特在养伤期间，依然心系篮网，并化身总经理，帮助球队招募了格里芬等强援。3 月 28 日，阿尔德里奇加盟篮网。自此，杜兰特、哈登、欧文、格里芬与阿尔德里奇，布鲁克林篮网组成空前豪华的五星战阵，一时间“NBA 大结局”的论调风起云涌。

4 月 8 日，时隔 53 天，杜兰特终于伤愈归来，出战仅 18 分钟，5 投全中，砍下 17 分，与欧文联手率领篮网三节击溃鹈鹕。命运就像云，捉摸不定。4 月 15 日，正当篮网豪华战阵傲世浮现之时，阿尔德里奇却因为在比赛中出现心律不齐等致命症状，不得不提前告别赛场，阿德的退役让篮网的争冠之路蒙上一层阴影。

5 月 9 日，篮网在丹佛高原一度陷入落后 21 分的逆境，7 号杜兰特挥起镰刀，露出“死神”峥嵘，斩获 33 分、11 个篮板、7 次助攻，统治攻防两端。11 号欧文也展现出博物馆级的进攻，砍下 31 分。“711”组合联手取得 64 分，率领篮网逆转掘金。杜兰特伤愈归来，场均依然能砍下 28.3 分，“死神”满血复活，令联盟诸强为之震颤。

2020/2021 赛季结束，篮网最终取得 48 胜 24 负的优异战绩，排名东部第二，仅次于榜首的费城 76 人。杜兰特在这个赛季，场均砍下 26.9 分、7.1 个篮板、5.6 次助攻，投篮命中率为 53.7%，三分球命中率为 45%，在大伤初愈、接近 33 岁的年纪，杜兰特依然创下职业生涯命中率的新高，足以令人赞叹。

在赛季末期，哈登因为腿筋拉伤休战许久，“篮网三巨头”未能进行有效地磨合。在接下来赛程紧凑的季后赛，面对劲敌的接连挑战时，篮网似乎已埋下了隐患。

4:35

TISSOT
BROOKLYN
7
NETS
24
BROOKLYN
1

第十六章

死神再临

01 KD

轻取“绿衫军”

2020—2021

2021 年 5 月 23 日，篮网的季后赛之旅正式开启，他们坐镇主场迎来凯尔特人。

杰伦·布朗因为手腕韧带受伤而缺席整个季后赛，“绿衫军”的“双探花”组合已折其一，塔图姆单核带队来对阵“三巨头”领衔的篮网，显然胜算不高。

这场比赛波澜不惊，篮网最终以 104 比 93 击败凯尔特人。“篮网三巨头”在季后赛首度合体初显威力：杜兰特挥舞镰刀，砍下 32 分、12 个篮板，成为 NBA 历史首位在新球队季后赛首秀便得分超 30、篮板超 10 个的球员；欧文青锋斜刺，轻取 29 分；哈登坐镇中军，送出 21 分、9 个篮板、8 次助攻准三双。三巨头常规操作合砍 82 分。

塔图姆虽然得到22分，但20投仅6中，单核作战打得异常艰难，他与“死神”的王牌对位将决定这轮系列赛的走势。

5 月 26 日，篮网以 130 比 108 再胜凯尔特人，杜兰特轻取 26 分、8 个篮板、5 次助攻，兵不血刃，布鲁克林守住主场，以总比分 2 比 0 领先。

5 月 29 日，两队移师波士顿，在 TD 北岸花园球馆 17 面总冠军旗帜的激励下，塔图姆表现神勇，砍下季后赛生涯新高的 50 分，率领凯尔特人以 125 比

119击败篮网，扳回一城。这一战“三巨头”合砍96分，却让一位后生晚辈抢走风头。

5月31日，两队第四战打响。上一场塔图姆砍下50分并带走胜利，让篮网“三巨头”知耻而后勇，此战三人联袂呈现最佳状态。杜兰特20投14中，三分球3投全中，暴砍42分、并送出5次助攻；欧文命中6记三分球，狂掠39分，还贡献11个篮板；哈登轻取23分，还送出个人季后赛新高的18次助攻。“三巨头”合砍104分、25次助攻，率领篮网141比126大胜凯尔特人，以总分3比1拿到赛点！

虽然塔图姆得到40分，但他无法以一己之力对抗燃爆状态的“三巨头”。

6月2日，篮网回到巴克莱中心球馆，最终在第五战以123比109击败凯尔特人，以总比分4比1淘汰对手，挺进东部半决赛。哈登豪取34分、10个篮板、10次助攻大三双；欧文14投9中，高效砍下25分；杜兰特衣衫未湿，轻取24分，送出3记封盖。塔图姆独取32分做出回应，但孤掌难鸣，只能目送篮网晋级下一轮。

篮网在季后赛首轮可谓兵不血刃，他们打出历史级别的进攻，志在夺冠的篮网杀到东部半决赛，迎来密尔沃基雄鹿的挑战。

02

猎鹿迷途

2020—2021

2021 年 6 月 6 日，篮网与雄鹿的东部半决赛首战在巴克莱中心球馆打响。

开场仅 43 秒，哈登就因右腿腿筋拉伤而退场，这也打乱篮网部署，无奈之下，他们只得祭出“711 王炸”双打模式，这种攻击模式简单粗暴，但有效！

最终，7 号杜兰特掠下 29 分、10 个篮板，11 号欧文贡献 25 分、8 次助攻，“711 组合”火力全开的同时，盘活篮网全队！反观雄鹿外线哑火，“字母哥”虽然狂砍 34 分、11 个篮板，但依然无法挽回败局，雄鹿以 107 比 115 不敌篮网，这也是雄鹿此次季后赛的首败，他们首轮曾以 4 比 0 横扫热火。

6 月 8 日，篮网对阵雄鹿第二战依旧在巴克莱中心球馆打响，布鲁克林球迷在主场见证了一场畅快淋漓的大胜。哈登因为大腿拉伤继续缺阵，“711 组合”挑起进攻的重任。杜兰特 18 投 12 中，砍下 32 分；欧文 17 投 9 中，也有 22 分进账。他们用高效而又稳定的得分压制对手，篮网也全民皆兵，全队共命中 21 记三分球，直接射穿雄鹿。最终，篮网以 125 比 86 血洗对手，将总比分改为 2 比 0。

东部半决赛前两场战罢，两队移师到密尔沃基。6 月 11 日，第三战在布拉德利中心球馆打响。雄鹿在自己的地盘似乎有了底气，他们与篮网展开一场焦灼的拉锯战。

米德尔顿在主场手感回暖，独取 35 分，杜兰特虽然回应砍下 30 分，但撼失扳平三分球。最终雄鹿以 86 比 83 险胜篮网，将总比分扳回一局。没有哈登的组织与串联，杜兰特与欧文的“王炸”双打模式遇到瓶颈，当他们进攻受阻时，篮网在关键时刻没有持续有效的得分点，即便布朗曾连续抛投得手，但在最后一刻他也准星全无。

6 月 14 日，篮网与雄鹿的第四战依旧在雄鹿主场展开。比赛进行到第二节 6 分钟，欧文空切至篮下，接到杜兰特传球高高跃起将球抛进，落地时踩到“字母哥”的脚上，右脚瞬间出现 90 度崴伤，顿时倒地痛苦不已。欧文遭遇这次意外重创，导致脚踝扭伤，不得不缺席篮网与雄鹿剩下的所有比赛。

欧文的意外伤退，让篮网在进攻端捉襟见肘，杜兰特孤掌难鸣，他 25 投仅 9 中，砍下 28 分，缺少欧文火力支援的篮网，最终以 96 比 107 不敌雄鹿，再失一局。

BUCKS
34

TURNOVERS
TOTAL FOULS
BROOKLYN
11

03 KD

“天王山”之篮网逐鹿

2020—2021

2021 年 6 月 16 日，篮网与雄鹿在纽约布鲁克林区巴克莱中心球馆展开东部半决赛的第五场对决。因为此前双方战成 2 比 2 平，所以此战也是决定胜负走势的“天王山之战”。

雄鹿，一支两届 MVP 加上两位全明星球员领衔的东部顶级劲旅，他们挟两连胜之余勇来势汹汹。而篮网，在上一场欧文脚踝扭伤退赛之后，他们与密尔沃基人在东部半决赛的胜负天平就陡然逆转。

大战在即，篮网明白这一场不容有失，他们要捍卫自己的主场。危急时刻，之前因大腿肌肉紧张一直休战的哈登火线请缨，拖着伤腿毅然上阵。

因为腿伤未愈，哈登没有了斗转蛇形的犀利突破与精准稳健的后撤步三分，就连传球也失误连连。但是即便只有三成功力，哈登的上场也提振了篮网的士气。他也成为杜兰特之外的唯一持球点，并吸引雄鹿的大量防守，为 KD 下半场大爆发创造条件。

一开场，雄鹿果然攻势如潮，他们内外开花，半场战罢，一举把比分拉大到 16 分。虽然杜兰特得到 18 分、3 次助攻，但他的常规操作显然无法支撑濒临崩溃的篮网。除了杰夫 · 格林贡献 15 分之外，布鲁克林其他射手群累计 15 投 2 中，哈登 6 投不中……在那一刻，所有的篮网球迷几乎绝望。

如果就这样拱手让出主场的胜利，那么篮网将濒临淘汰的边缘。雄鹿也志在必得，他们带着 3 比 2 的比分再回密尔沃基，然后在布拉德利中心万千球迷的疯狂助威下，击溃篮网，挺进东部决赛。面对雄鹿的如意算盘，杜兰特显然不会答应。

04 KD

“天王山”之一战封神

2020—2021

下半场易边再战，在哈登因为腿伤无法启动战术时，杜兰特成为篮网进攻的掌控者。他持球接连突破分球给格林、沙梅特命中三分，又助攻布朗上篮得分。杜兰特充分展示自己 MVP 级别视野、传球的同时，拿起了“死神镰刀”，亮出四届得分王的攻击模式。

第三节，篮网在杜兰特的策动下，得到 38 分，与雄鹿分差缩小到 6 分。

接下来的第四节，杜兰特上演了以一己之力击溃雄鹿的史诗经典。

临近 33 岁的年纪，遭遇过断腱大伤，但杜兰特已经血灌瞳仁、物我两忘，进入一个得分无解的终极境界。他 9 投 6 中，独砍 20 分。最后 52 秒，当杜兰特空中扭转、在米德尔顿头顶上投进高难度超远三分时，他仰天长啸、气冲霄汉。

最后时刻，“死神”的长手如勾，断球，罚进球，赢下比赛。

杜兰特打满 48 分钟，撑起篮网全场。他一次次地进攻，从比赛到意志，都试图摧毁对手。他无差别的单打，无视任何防守者，从容而又稳定地得分。面对这样的死神，

对手徒叹奈何，只能祈祷他手感不佳，然而杜兰特在这场比赛偏偏双手“着了火”。

正是杜兰特在下半场稳定到令对手绝望的得分输出，让“雄鹿三巨头”几乎崩溃。本场比赛，“字母哥”砍下 34 分，米德尔顿得到 25 分，霍乐迪贡献 19 分，“雄鹿三英”可谓正常发挥，但当他们面对着一个挥舞着“死神之镰”燃烧的杜兰特，还是力战心怯，让“三英战吕布”的戏码改为“一吕破三英”。

本场比赛，杜兰特得到的支持非常有限。欧文因伤缺阵，哈登虽然拖着伤腿火线复出，但全场 10 投仅 1 中、只得到 5 分；常规赛联盟第一的三分投手——乔·哈里斯全场 11 投 2 中；比赛篮网仅有三人得分上双……

好在昔日在超音速的老伙计格林三分 8 投 7 中，给予杜兰特必要的火力支援。

在极致逆境下，才会诞生极致的英雄！ KD 打出一场极致的个人制霸战。

杜兰特此役 23 投 16 中，轰下 70% 的超高命中率。豪取 49 分、17 个篮板、10 次助攻的超级大三双，此外还有 3 个抢断、2 记盖帽。率领篮网完成 17 分大逆转，以 114 比 108 击败雄鹿。杜兰特打出生涯最璀璨的一战，这也是他提升星格、在历史神龛跃升的

一战！杜兰特成为 NBA 历史上首位在季后赛打出得分 45+、篮板 15+、助攻 10+ 的球员。

这场比赛可以说是杜兰特的代表作，之前 2017 年与 2018 年两届总决赛，杜兰特手握镰刀、收割胜利，在詹姆斯头上投中制胜三分球时，世人总认为杜兰特身边有强大的勇士军团，所以他的总决赛 MVP 不太璀璨。

此前杜兰特虽然斩获四届得分王、两届总决赛 MVP，达到巅峰境界，但他还没有在季后赛单核带队时，交出一份令人信服的成绩单。而此刻杜兰特“天王山之战只手屠鹿”，用一场 NBA 史上最劲爆的个人秀来证明自己就是“无解死神”。

05 KD

“天王山”之余音绕梁

2020—2021

这是一场载入史册的经典之战，杜兰特成为自 2001 年的科比之后，首位在季后赛打满 48 分钟，并且至少拿到 48 分的球员。杜兰特的 49 分、17 个篮板均创下自己季后赛生涯第二高的纪录，而 10 次助攻创自己季后赛的新高。

欧文被垫脚后，杜兰特毅然挺身而出对雄鹿进行最有力的回击。

的确，杜兰特曾经是 NBA 最出色的得分手，但他遭遇跟腱断裂的大伤，休战了一个赛季，当他回归赛场时，所面对的是如狼似虎的凶悍对手、无所不用其极的野蛮防守，以及随时可能再遭大伤的隐患，然而杜兰特百无禁忌。

他心思单纯，心中只有篮球，比赛只为胜利，所以他一登场便无所萦怀，全心全力地去打球。杜兰特心思空明、人球合一，也让他无限接近巅峰的自己，加上坚硬如铁的强悍意志，所以让我们依然有幸能看到一个“全力杜”，一个在“天王山之战”挥舞镰刀收割胜利的“无解死神”。当然，杜兰特的完美回归也得益于日进千里的医学奇迹。

在赢下这场比赛后，篮网主教练纳什紧紧拥抱杜兰特，感谢之情溢于言表。欧文因伤缺阵加上哈登的 10 投 1 中，篮网赢球需要一个奇迹，而杜兰特就是那个奇迹。

杜兰特的超神表现也打服对手，雄鹿主将“字母哥”阿德托昆博无奈地表示：“去防守全世界最好的现役球员（KD），我们几乎束手无策。只能尽量让他投篮艰难一些，然后祈求他手感不好。”

看到杜兰特打出如此精彩的一役，詹姆斯在推特上感叹：“GREATNESS!!（伟大）”

雄鹿、湖人昔日名宿“天勾”贾巴尔更直抒胸臆：“雄鹿不会夺冠，KD 一个人就会击溃他们。”丝毫不给密尔沃基那些后辈们面子。

虽然打出如此精彩的表现，但赛后杜兰特波澜不惊地说：“我本来没计划打满全场，但我们一开局就落后，我就告诉教练，我可以打满全场。”

一切云淡风轻，一切风过无痕，即便是打出自己生涯，甚至是NBA史上最绚烂的一战，杜兰特依旧无喜无悲。对于一位经历过无数峰谷的王者而言，他只在乎最终的胜利。

篮网还没有笑到最后，他们依然踱步险峰，蹒跚在悬崖之上。

06 KD

最后一颗子弹

2020—2021

在“天王山之战”拿下49分加大号三双之后，杜兰特没有时间回味战果，便随队马不停蹄飞赴密尔沃基。6月18日，篮网与雄鹿展开第六场的较量。

雄鹿以2比3落后，背临深渊、无路可退，他们在自己的地盘亮出锋利的鹿角。米德尔顿16投11中，高效砍下38分，霍乐迪也有21分进账，“字母哥”常规贡献30分、17个篮板。“雄鹿三英”联袂发威，让篮网在布拉德利中心再次败北。

虽然杜兰特依旧以50%的命中率砍下32分，但他没有沿袭上一战的超神状态，加上队友持续低迷，所以篮网难逃失利的结局。

两队战成3比3平，抢七大战势在必行。

2021年6月20日，布鲁克林的巴克莱中心球馆，篮网与雄鹿的抢七大战正式打响。

比赛一开始，双方便展开焦灼对抗，呈现犬牙交错的态势。半场战罢，篮网以53比47领先雄鹿6分。下半场易边再战，雄鹿发起反击，一度反超比分。杜兰特祭出无差别单打模式，屡屡得分，率领篮网咬住比分，以81比82结束第三节。

第四节，在东部半决赛一直紧缠杜兰特的防守悍将——P.J.塔克饱受犯规困扰，杜兰特加强进攻。但“字母哥”的罚球、霍乐迪的投篮都找到准星，雄鹿逐渐占据上风。

比赛还剩47.8秒，雄鹿以109比105领先，4分之差，宛如天堑。一场史诗级别的“抢七大战”似乎要落下帷幕，而篮网成为悲壮的失败者，即便是最忠实的布鲁克林球迷在那一刻也陷入深深的绝望之中。然而，“死神”再一次向命运说“NO！”

109
2.8
107
7
GO NETS

杜兰特在三分线外持球，晃过塔克的贴身缠绕，突破至底线后高高跃起，他的出手点已无法封盖，稳稳命中一记中投，将比分改写为 107 比 109，篮网依然落后 2 分。

之后米德尔顿三分不中，雄鹿抢到篮板，篮网用压迫式防守逼得对手 24 秒违例。

最后 6 秒，篮网前场发球，杜兰特三分外线外接球后突破，面对塔克的贴身紧逼，杜兰特没有长驱突进，而是来了一记 360 度转身跳投，皮球划过长空，直坠网窝。

这是一记足以永载史册的进球，不仅扳平比分，还让"死神"成为抢七大战的得分王，他足足打满 48 分钟，砍下 48 分！

篮网与雄鹿在常规时间战成 109 平，比赛进入加时赛。

在加时赛，双方都弹尽粮绝，布朗命中一球，"字母哥"扳平比分，哈里斯再次投失三分球之后，米德尔顿转身跳投命中。

加时赛最后 11 秒，雄鹿以 113 比 111 领先篮网。杜兰特在前场接哈登传球，面对霍乐迪的防守，高高跃起，乾坤一掷！他在这轮系列赛中无数次这样跳投命中、拯救篮网，然而这一次，他精疲力竭，投出一个三不沾。

也许是杜兰特在常规时间最后一刻，命中了那两记匪夷所思的中投的同时，也打光了他最后一颗子弹。在加时赛他六次出手，无一命中。杜兰特是"死神"，但也是凡人之躯，常规时间打满 48 分钟，加时赛又鏖战不休，一共出战 53 分钟，纵是"死神"也会累。

最终雄鹿以 115 比 111 加时险胜，鏖战七场，赢下这一轮荡气回肠的东部半决赛。

如果杜兰特在"抢七大战"常规时间的最后一投没有踩到三分线；如果欧文不伤、哈登不拖着伤退蹒跚上场；如果齐装满员的"三巨头"迎战雄鹿，篮网将会胜出。可惜，没有如果……我们不能苛求哈登做得更多，他拖着伤腿鏖战了 52 分 59 秒。

杜兰特在抢七大战，36 投 17 中，砍下 48 分、9 个篮板、6 次助攻，在没有欧文、哈登因伤大打折扣、乔·哈里斯铁出天际的窘境下，杜兰特孤军奋战，无数次将篮网拉上悬崖。他攻防一体，打出历史级别的史诗系列战，让无数球迷为之肃然起敬！

多少年以后，当我们谈起杜兰特时，也许不是"雷霆三少"的老大、"宇宙勇士"的 F-MVP，而是在 2021 年的初夏，一个人扛起一支球队的故事。

断腱强势归来，"死神"极致绽放，杜兰特的传奇未完待续。

PS KD

后记 / 神锋的蜕变

2020—2021

杜兰特在 2007 年出道的时候，最核心的卖点是无敌的投篮感觉，以及 2.08 米身高带来的超高出手点。他的控球技术其实很好，要知道，他入行时打的是得分后卫，他比这个位置上的球员普遍要高十厘米以上。那时候的杜兰特在进攻端的主要得分手段，除了快攻之外，就是跑出空挡后的迅速出手，以及中位背身接球后靠一下翻身跳投。以他的综合条件，有了这两样武器，已经足够让他在球场上站稳脚跟。

但这样的杜兰特却远远称不上强大。

所以，哪怕是 2010 年的杜兰特已经拿到了职业生涯第一个得分王，但季后赛面对阿泰斯特的防守时，却表现出了明显的不适应。场均得分从 30 分直线滑落到 25 分不说，命中率更是惨不忍睹的 36%。但也正是在那一年，杜兰特在土耳其的世锦赛中完成了职业生涯的第一次蜕变。在黑海边上，他悄然开发出了职业生涯第一记撒手锏：接球，假动作，迈开长腿突破一步摆脱，直接三步上篮，或者急停跳投。

凭借这记撒手锏，他拿到了世锦赛总决赛的 MVP。带着这个技能回到 NBA 之后，仅仅是在下一个赛季，他就打进了西部决赛。

杜兰特在 2011 年西部决赛输给长人射手的前代标杆诺维茨基之后，在 2012 年再度进化：他能够面对防守者运球做动作了，而且是做那些后卫式的，大幅度的拉球动作。到了这一步，杜兰特在一对一层面上已经无敌了。中锋的身高 + 前锋的速度 + 后卫的技术 + 无敌的投篮手感，等于他打谁都是错位。

于是，2012 年成为杜兰特职业生涯的第一个巅峰。即使是最后输掉了总决赛，他自己的表现也丝毫不受败局影响，依然有场均 31 分、命中率 56% 的现象级表现。但对面的勒布朗 · 詹姆斯用后三场合计 29 次助攻，以及最后一场大三双的表现告诉他，什么才是全能前锋的完美形态：比一对一更重要的是，以个人进攻威胁为基础，然后用传球带动整个球队，这成了杜兰特新的努力方向。

杜兰特的努力在 2014 年看到了成果。在那年威斯布鲁克缺席大半个赛季的情况下，杜兰特场均得到 32.7 分、7.4 个篮板、5.5 次助攻，率领雷霆打出 59 胜的优异战绩，他也力压巅峰期的詹姆斯，加冕常规赛 MVP。但这样的打法他在之后的职业生涯里再也没

有尝试过。原因很简单，他的身材太高，如果频繁地压低重心进行突破，那么过度的损耗以及伤病就会随之而来。事实上，早在 2014 年的常规赛末段，他已经露出了疲态。到了季后赛，他表现虽然出色，但相比常规赛前半段所向无敌的状态，还是大打折扣。

于是，无论是之后在雷霆的最后两年，还是在勇士的三年。杜兰特再次调整了自己的打法：2015—2019 年之间的杜兰特，在进攻端是一个简洁高效的杀手。他很少再做那些大幅度的拉球动作，转而开始像后两个冠军时期的科比一样，选择位置、接球，三招两式之内迅速中投解决问题。在防守端，他开始扮演加内特式的扫荡者和防空者。

这似乎是杜兰特在 NBA 赛场上的终极形态，但终究少了点什么。任何超级巨星的进化，最关键的从来都不是技术，而是心性。人生中所有的磨炼，都是对自我的超越。

2008 年之后的科比、1994 年之后的"大梦"、2012 年之后的詹姆斯，都完成了王者心性的蜕变。而人们之所以非议杜兰特加盟勇士，就是因为他选择了走捷径，给自己设置了上限和禁区。对于这种级别的巨星而言，应该直面极限的挑战。

在球迷心中，杜兰特这样的英雄应该傲视天地，可以被击败，但绝不会被击倒。

杜兰特只有在赛场上用这种方式证明自己一次，才能得到球迷永久的认可。

于是杜兰特在 2021 年的季后赛完成完美救赎。他在"天王山之战"砍下 49 分、17 个篮板和 10 次助攻豪华大三双，率领篮网击败雄鹿。之后在抢七生死大战杜兰特再得 48 分，留下一枚只差一厘米的致命的绝平球，足以弥补之前他所有的缺憾。

至此，在临近 33 岁的年纪，曾经跟腱断裂过的凯文·杜兰特达成了人生的大圆满。一个球员进入这样的境界之后，胜负已经没有那么重要了。他自己内心的成就感，自我超越带来的满足感都比胜负更有价值。

无解杀器

杜兰特七大必杀技

Kevin Durant

01 无解跳投

杜兰特七大必杀技

杜兰特拥有精湛的投射技巧、柔和细腻的手感，再加上 2.08 米身高和 2.28 米的臂展带来几乎无法封盖的出手点，于是最可怕的高个射手诞生了。

杜兰特拥有中锋的身高、小前锋的运动能力、控卫的持球能力。以他的身高臂展和出手速度，当他伸出长臂在对手头顶投篮时，几乎无法防守。

跳投是杜兰特的看家绝技，熟极而流。他可以在运球突破后的强起滞空后仰，或者绕过掩护后的从容射击，以及三威胁动作后的运球一步强起投篮，无不是跳投招式的精华演绎。

杜兰特拥有超过 50% 的跳投命中率，可以说稳定、精准之极，当他无视防守拔地而起，用跳投来得分时，宛如“死神”亮出镰刀，来收割胜利。

02 干拔三分

杜兰特七大必杀技

除去新秀赛季之外，杜兰特的三分球命中率都在35%以上，和科比、艾弗森那些传统得分王相比，杜兰特更擅长远投三分球，更适合现代篮球赛场。

2017年总决赛，杜兰特那恐怖的47.4%三分球命中率，足以令骑士崩溃，而那第三战最后时刻，杜兰特面对詹姆斯那记气定神闲的三分球命中，更杀人诛心。

2021年季后赛，断腱归来的杜兰特依然保持着极高的远射水准，达到40.2%的三分球命中率。

03 突破暴扣

杜兰特七大必杀技

作为一个身高2.08米却跑跳如飞的怪物，杜兰特并不缺乏表演灌篮的机会。

多少防守高手好不容易在阵地战中限制了杜兰特，但又被他一转身抹过身边，用一记双手扣篮来得分。

杜兰特的扣篮虽然力道不太强劲，但迅疾无比，如一道划开夜空的闪电。

对手忌惮杜兰特的投篮，这让他有了突破的空间，能直插篮下、飞身扣篮。

04 遮天封盖
杜兰特七大必杀技

杜兰特征战NBA14载，通过不断磨炼，他已经从一名优秀射手蜕变成全能前锋，在防守端也威力十足。

以杜兰特的身高臂展，以及出色的运动能力，只要他高高跃起，总能给对手一种遮天蔽日的压迫感。

杜兰特拥有大范围协防技能，如今他还担任起篮网羸弱内线的守护神。他在2021年季后赛场均送上1.6记盖帽，用遮天封盖把篮网禁区打造成“禁飞区”。

05 突破上篮
杜兰特七大必杀技

杜兰特的突破并不以运球见长，虽然他自幼曾打过控卫，毕竟身高太高。

杜兰特运球变向幅度之大世所罕见，接近两米的横移加上闪电般的速度，让防守者很难跟上延堵，只能望球兴叹。当杜兰特用大幅变向闪出空挡时，他可以大马金刀般切入灌篮；也可以蜿蜒蛇行，三步上篮；或者跳步收球轻巧投篮。

当杜兰特持球突破杀入腹地，他有无数种上篮方式来得分。无论是拉杆、打板、勾手、挑篮、抛投，都令对手几乎无法防范。

06 助攻妙传

杜兰特七大必杀技

2013/2014 赛季，威斯布鲁克因伤缺阵，独挑大梁的杜兰特开发出卓越的传球能力，场均达到 5.5 次。

他通过助攻队友提升了领导能力。那个赛季，杜兰特也荣膺了常规赛 MVP。

杜兰特身高臂长，视野宽广，球商高绝，他可以在瞬息间洞悉对手的破绽，然后手腕一抖，送出致命传球。

正是对手忌惮其得分而选择包夹，所以杜兰特突破时能轻松找到处在空位的队友，然后送出妙传。

2021 年“天王之战”，杜兰特砍下 49 分的同时，送出 10 次助攻，盘活队友，成为篮网获胜的关键。

07 拼抢篮板

杜兰特七大必杀技

杜兰特拥有 2.28 米的惊人臂展，助跑摸高达到 3.74 米，这些天赋，还能让他成为一名篮板达人。

无论是绝对速度、上肢力量、弹跳力、大局观，以及上下肢体的协调度，杜兰特都堪称出类拔萃，加上良好的预判性和位置感，让他在拼抢篮板时占尽优势。

杜兰特在自己的常规赛 MVP 赛季场，场均能抢下 7.4 个篮板。开启得分模式的杜兰特依然不惜体力，来做篮板这些“蓝领”工作。

2021 年季后赛，杜兰特搏杀内线，场均摘下 9.2 个篮板，以此来弥补篮网小个阵容的缺陷。

职业生涯常规赛场均数据

赛季	球队	篮板	助攻	抢断	盖帽	得分
2007/2008	超音速	4.4	2.4	1.0	0.9	20.3
2008/2009	雷霆	6.5	2.8	1.3	0.7	25.3
2009/2010	雷霆	7.6	2.8	1.4	1.0	30.1
2010/2011	雷霆	6.8	2.7	1.1	1.0	27.7
2011/2012	雷霆	8.0	3.5	1.3	1.2	28.0
2012/2013	雷霆	7.9	4.6	1.4	1.3	28.1
2013/2014	雷霆	7.4	5.5	1.3	0.7	32.0
2014/2015	雷霆	6.6	4.1	0.9	0.9	25.4
2015/2016	雷霆	8.2	5.0	1.0	1.2	28.2
2016/2017	勇士	8.3	4.8	1.1	1.6	25.1
2017/2018	勇士	6.8	5.4	0.7	1.8	26.4
2018/2019	勇士	6.3	5.9	0.7	1.1	26.0
2019/2020	篮网	—	—	—	—	—
2020/2021	篮网	7.1	5.6	0.7	1.3	26.9
场均数据		7.1	4.2	1.1	1.1	27.0

职业生涯季后赛场均数据

赛季	球队	篮板	助攻	抢断	盖帽	得分
2009/2010	雷霆	7.7	2.3	0.5	1.3	25.0
2010/2011	雷霆	8.2	2.8	0.9	1.1	28.6
2011/2012	雷霆	7.4	3.7	1.5	1.2	28.5
2012/2013	雷霆	9.0	6.3	1.3	1.1	30.8
2013/2014	雷霆	8.9	3.9	1.0	1.3	29.6
2015/2016	雷霆	7.1	3.3	1.0	1.0	28.4
2016/2017	勇士	7.9	4.3	0.8	1.3	28.5
2017/2018	勇士	7.8	4.7	0.7	1.2	29.0
2018/2019	勇士	4.9	4.5	1.1	1.0	32.3
2020/2021	篮网	9.2	4.4	1.5	1.6	34.3
场均数据		7.8	4.0	1.0	1.2	29.5

全明星赛场均数据

年份	城市	篮板	助攻	抢断	得分
2010	达拉斯	5	0	0	15
2011	洛杉矶	3	2	2	34
2012	奥兰多	7	3	3	36
2013	休斯敦	6	1	2	30
2014	新奥尔良	10	6	1	38
2015	纽约	3	1	1	3
2016	多伦多	5	7	2	23
2017	新奥尔良	10	10	2	21
2018	洛杉矶	6	5	3	19
2019	夏洛特	7	2	1	31
场均数据	——	6.2	3.7	1.7	25.0